Comentarios sobre

Chocolate caliente para el Alma

"Éste es un libro cálido, maravilloso, edificante e inspirador, lleno de ideas y revelaciones que todos pueden utilizar para mejorar alguna parte de su vida. Es para leer, pensar y volver a leer una y otra vez."

—Brian Tracy, autor de THE PSYCHOLOGY OF ACHIEVEMENT

"Después de haber entrevistado a cientos de ricos y famosos, me parece evidente que el dinero y la fama no hacen automáticamente felices a las personas. La felicidad tiene que venir de adentro. *Chocolate caliente para el alma* lo ayudará a poner un millón de sonrisas en su corazón."

—Robin Leach, escritor y personalidad de la TV

"Contar historias constituye una de las formas más contundentes de enseñar valores y abrir puertas a nuevas posibilidades. En esta selección, rica y variada, cada uno encontrará seguramente algunas historias con un eco especial, relatos para atesorar y compartir."

—Nathaniel Branden, autor de THE POWER OF SELF-ESTEEM

"El mundo necesita narradores que nos ayuden a encontrar un sentido en la confusión y el caos de estos tiempos complejos. Jack y Mark son consumados narradores y compiladores de historias de la vida real, que alientan y conmueven."

—Sidney B. Simon, profesor emérito de la Universidad de Massachusetts, y autor de FORGIVENESS (SABER PERDONAR).

"Disfruté de cada página. Las historias son sumamente inspiradoras, la poesía es bellísima y las citas, profundas y significativas. Su contenido resulta esclarecedor para todas las dimensiones de la vida. Este libro es un estupendo regalo para compartir con nuestros seres queridos."

—Richard Loughlin, presidente de CENTURY 21

"¡Qué libro fantástico! Tiene el mismo efecto que producía el chocolate de mi abuela... calma y da calor. Recurriré a él cada vez que necesite un poquito de amor."

—Dawn Steel, ex presidente de COLUMBIA PICTURES

"*Chocolate caliente para el alma* debería estar en la mesa de noche de todos, para leerlo al final del día y así mantener nuestra fe en la naturaleza humana. Las historias conmueven nuestro corazón y equilibran las noticias que oímos a diario."

—Bob Reasoner, presidente del Consejo Internacional para la Autoestima y autor de BUILDING SELF-ESTEEM

Chocolate caliente para el Alma

Títulos de los autores publicados por Editorial Atlántida

Chocolate caliente para el alma

•

Otra taza de chocolate caliente para el alma

•

Más chocolate caliente para el alma

•

La última taza de chocolate caliente para el alma

•

Una tacita reveladora de chocolate caliente para el alma

•

Una tacita de chocolate caliente para el alma de la familia

•

Una tacita reconfortante de chocolate caliente para el alma

•

Una tacita de chocolate caliente para el alma de la mujer

•

Chocolate caliente para el alma de la pareja

•

Escritas y recopiladas por:
Jack Canfield *y* Mark Hansen

Traducción:
Cristina Sardoy

EDITORIAL ATLANTIDA
BUENOS AIRES • MEXICO

Diseño de tapa: Silvina Rodríguez Pícaro

Título original: CHICKEN SOUP FOR THE SOUL
 Decimoctava edición publicada por
EDITORIAL ATLANTIDA S.A., Azopardo 579, Buenos Aires, Argentina.
Hecho el depósito que marca la Ley 11.723.
Libro de edición argentina.
Impreso en Argentina. Printed in Argentina. Esta edición se terminó
de imprimir en el mes de agosto de 2001 en los talleres gráficos
Indugraf S.A., Buenos Aires, Argentina.
Tirada de la presente edición: 5.000 ejemplares.

I.S.B.N. 950-08-1485-4

Si hay luz en el alma,
habrá belleza en la persona.
Si hay belleza en la persona,
habrá armonía en la casa.
Si hay armonía en la casa,
habrá orden en la nación.
Si hay orden en la nación,
habrá paz en el mundo.

Proverbio chino

Con amor dedicamos este libro a nuestras esposas,
Georgia y Patty, y a nuestros hijos,
Christopher, Oran, Kyle, Elizabeth y Melanie,
que son chocolate caliente para nuestras almas.
Ustedes abren constantemente nuestros corazones
y reavivan nuestro espíritu. ¡Los queremos muchísimo!

Agradecimientos

El proyecto y la realización de este libro nos llevó casi dos años. Fue un trabajo de amor y exigió los esfuerzos aunados de muchas personas. Deseamos agradecer especialmente a:

Patty Mitchell, que tipió y retipió cada una de estas historias por lo menos cinco veces. Su compromiso con el proyecto le tomó muchas jornadas de trabajo hasta las diez de la noche y montones de fines de semana. ¡Gracias, Patty! No podríamos haberlo hecho sin tu ayuda.

Kim Wiele, por la monumental transcripción de muchos de los relatos, por manejar gran parte de la investigación y coordinar toda esta tarea interminable en apariencia, para conseguir los permisos de edición de las historias que no escribimos nosotros. Su trabajo fue magnífico. Gracias, Kim.

Kate Driesen, que ayudó en el tipiado, leyó y comentó cada historia y colaboró en la investigación. Siempre llegaste a tiempo cuando tuvimos que cumplir con plazos perentorios. Gracias.

Wanda Pate, que brindó su ayuda sin retaceos en el tipiado y la investigación.

Cheryl Millikin, que en todo momento se ocupó del procesamiento y la circulación del material.

Lisa Williams, por cuidar los asuntos de Mark para que él pudiera dedicarse a este libro.

Larry Price y Mark Powers, por mantener todo en funcionamiento mientras escribíamos este libro.

Los cientos de personas que escucharon, leyeron y comentaron estos poemas, historias y citas.

Todos nuestros amigos de la Asociación Nacional de Conferencistas, que nos brindaron con generosidad su propio material para completar este libro. Queremos agradecer en especial a Dottie Walters por su apoyo y estímulo constantes.

Frank Siccone, un querido amigo, que aportó varias de las historias y citas.

Jeff Herman, por ser un agente literario tan brillante y por creer en el libro desde el principio. Jeff, nos encanta trabajar contigo.

Peter Vegso, Gary Seidler y Barbara Nichols de Health Communications por captar la visión del libro mucho antes que los demás. Valoramos su apoyo entusiasta.

Cindy Spitzer, que escribió y corrigió varias de las historias más importantes del libro. Cindy, tu contribución fue invalorable.

Marie Stilkind, nuestra editora en Health Communications, por sus interminables esfuerzos para que este libro pudiera alcanzar su nivel más alto de excelencia.

Bob Proctor, que aportó varias historias y anécdotas de su voluminoso archivo de relatos didácticos. Gracias, Bob. Eres un buen amigo.

Brandon Hall, que nos ayudó con dos historias.

También queremos agradecer a las siguientes personas por habernos dado una respuesta muy valiosa al leer el primer borrador: Ellen Angelis, Kim Angelis, Jacob Blass, Rick Canfield, Dan Drubin, Kathy Fellows, Patty Hansen, Norman Howe, Ann Husch, Tomas Nani, Dave Potter, Danielle Lee, Michele Martin, Georgia Noble, Lee Potts, Linda Price, Martin Rutte, Lou Tartaglia, Dottie Walters, Rebecca Weidekehr, Harold C. Wells.

Índice

1. A PROPÓSITO DEL AMOR

2. APRENDER A AMARSE A UNO MISMO

3. A PROPÓSITO DE LA PATERNIDAD

4. DEL APRENDIZAJE

5. VIVE TU SUEÑO

6. SUPERAR OBSTÁCULOS

7. SABIDURÍA ECLÉCTICA

Introducción

Sabemos todo lo que necesitamos saber para poner fin al sufrimiento emocional inútil que muchas personas experimentan en la actualidad. La autoestima y la eficiencia personal están al alcance de todos aquellos que se hallen dispuestos a tomarse el tiempo de conseguirlas.

Es difícil trasladar el espíritu de una conferencia a la palabra escrita. Las historias que hemos contado en infinidad de oportunidades tuvieron que ser redactadas cinco veces para que alcanzaran el mismo efecto que en vivo. Al leerlas, no se apure. Escuche las palabras en su corazón y en su mente. Saboree cada historia. Deje que lo emocionen. Pregúntese, ¿qué despierta en mí? ¿Qué me sugiere para mi vida? ¿Qué sentimiento o acción estimula en mi ser interior? Establezca una relación personal con cada historia.

Algunos relatos le dirán más cosas que otros. Algunos tendrán un significado más profundo. Algunos lo harán reír. Otros harán que lo invada una sensación cálida. Es posible que otros tengan el efecto de un golpe directo entre los ojos. No hay una reacción determinada. ¡Lo único que cuenta es su reacción! Déjela aflorar y no le ponga freno.

No lea el libro a las disparadas. Tómese su tiempo. Disfrútelo. Saboréelo. Zambúllase en él con todo su ser.

Representa miles de horas de seleccionar "lo mejor de lo mejor" de nuestros cuarenta años de experiencia.

Por último: leer un libro como éste es como sentarse a comer una comida muy elaborada. Puede ser demasiado sustanciosa. Es una comida sin vegetales, ensaladas ni pan. Es todo esencia, con muy pocas palabras huecas.

En nuestros seminarios y talleres dedicamos más tiempo para establecer y discutir las implicaciones de cada historia. Exploramos más a fondo sobre la forma de aplicar las enseñanzas y los principios en la vida cotidiana. No nos limitamos a leer las historias. Tómese usted el tiempo necesario para digerirlas y asimilarlas.

Si se siente impulsado a compartir una historia con otras personas, hágalo. Cuando una anécdota lo haga pensar en alguien, llame a la persona que le trajo a la mente y compártala. Métase en cada lectura y haga lo que sienta que surge en usted. Están pensadas para que lo inspiren y lo motiven.

En muchos casos, nos remontamos a las fuentes originales y pedimos que escribieran o contaran con palabras propias. Muchas historias están narradas con la voz de los protagonistas; no con la nuestra. Siempre que pudimos, hemos atribuido cada relato a la fuente original.

Esperamos que disfrute leyendo este libro como nosotros disfrutamos escribiéndolo.

1

A PROPÓSITO DEL AMOR

Llegará el día en que, después de aprovechar el espacio, los vientos, las mareas y la gravedad, aprovecharemos para Dios las energías del amor. Y ese día, por segunda vez en la historia del mundo, habremos descubierto el fuego.

Teilhard de Chardin

Amor: la fuerza creadora por excelencia

Derrama amor adonde quiera que vayas: ante todo en tu casa. Da amor a tus hijos, a tu mujer o marido, a un vecino... No dejes que nadie venga a ti sin irse mejor y más feliz. Sé la expresión viva de la bondad de Dios; bondad en tu rostro, bondad en tus ojos, bondad en tu sonrisa, bondad en tu saludo cálido.

Madre Teresa

Un profesor universitario envió a sus alumnos de sociología a las villas miserias de Baltimore para estudiar doscientos casos de varones adolescentes. Les pidió que escribieran una evaluación del futuro de cada chico. En todos los casos, los estudiantes escribieron: "No tiene ninguna posibilidad". Veinticinco años más tarde, otro profesor de sociología se encontró con el estudio anterior. Envió a sus alumnos a que hicieran un seguimiento del proyecto para ver qué les había pasado a aquellos chicos. Exceptuando a veinte de ellos que se habían ido o habían muerto, los estudiantes descubrieron que casi todos los restantes habían logrado un éxito más que modesto como abogados, médicos y hombres de negocios.

El profesor se quedó pasmado y decidió seguir adelante con el tema. Por suerte, todos los hombres estaban en la zona y pudo hablar con cada uno de ellos. "¿Cómo explica su éxito?", les preguntaba. En todos los casos, la respuesta, cargada de sentimiento, fue "Hubo una maestra".

La maestra todavía vivía, de modo que la buscó y le preguntó a la anciana, pero todavía lúcida mujer, qué fórmula mágica había usado para que esos chicos salieran de la villa y tuvieran éxito en la vida.

Los ojos de la maestra brillaron y sus labios esbozaron una agradable sonrisa. "En realidad es muy simple —dijo—. Quería mucho a esos chicos."

Eric Butterworth

Lo único que recuerdo

Cuando mi padre me hablaba, siempre empezaba la conversación diciendo: "¿Ya te dije hoy cuánto te adoro?". La expresión de amor era correspondida y, en sus últimos años, cuando su vida empezó visiblemente a decaer, nos acercamos aún más... si es que era posible.

A los ochenta y dos años estaba dispuesto a morirse y yo estaba dispuesto a dejarlo partir para que su sufrimiento terminara. Nos reímos, lloramos, nos tomamos de las manos, nos dijimos nuestro amor y estuvimos de acuerdo en que era el momento. Dije: "Papá, una vez que te hayas ido quiero que me envíes una señal para saber que estás bien". Se rió por lo absurdo del pedido; papá no creía en la reencarnación. Yo tampoco estaba muy seguro al respecto, pero había tenido muchas experiencias que me convencieron de que podía recibir alguna señal "del otro lado".

Mi padre y yo estábamos ligados tan profundamente que, en el momento de su muerte, sentí su infarto en mi pecho. Después lamenté que el hospital, con su estéril sabiduría, no me hubiera dejado sostener su mano al irse.

Día tras día rezaba para saber algo de él, pero no pasaba nada. Noche tras noche, pedía tener un sueño antes de dormirme. Y no obstante, pasaron cuatro largos meses y lo único que sentía era el dolor de su pérdida. Mamá había muerto cinco años antes del mal de Alzheimer y, si bien yo ya tenía hijas a mi vez, me sentía como un niño perdido.

Un día, mientras estaba tendido en una mesa de masajes, en un cuarto tranquilo y oscuro esperando mi turno, me invadió una ola de nostalgia por mi padre. Empecé a preguntarme si no había sido demasiado exigente al pedir una señal de él. Noté que mi mente se hallaba en un estado de hiperagudeza. Sentí una claridad desconocida en la que podría haber agregado largas columnas de figuras en mi mente. Me cercioré de no estar soñando y me di cuenta de que me hallaba lo más lejos posible de un estado de somnolencia. Cada pensamiento era como una gota de agua que caía en una fuente tranquila, y me maravilló la paz de cada momento que pasaba. Entonces pensé: "He estado tratando de controlar los mensajes del otro lado; dejaré de hacerlo ya mismo".

De repente, apareció la cara de mi madre, como había sido antes de que la enfermedad de Alzheimer la privara de su juicio, de su humanidad y de veinticinco kilos. Su magnífico pelo plateado coronaba su rostro dulce. Era tan real y estaba tan certa que me daba la impresión de que podía tocarla si quería. Se la veía como era unos doce años atrás, cuando el deterioro no había empezado. Hasta olía la fragancia de Joy, su perfume favorito. Me pregunté cómo era posible que estuviera pensando en mi padre y apareciera mi madre, y me sentí un poco culpable por no haber pedido una señal de ella también.

Dije: "Oh, madre, lamento tanto que hayas tenido que sufrir con esa horrible enfermedad".

Inclinó levemente la cabeza hacia un lado, como para confirmar lo que había dicho de su sufrimiento. Luego sonrió —una sonrisa bellísima— y dijo de una manera muy clara: "Pero lo único que recuerdo es el amor". Y desapareció.

Empecé a temblar en un cuarto que de pronto se había vuelto frío. Supe en lo más profundo que el amor que damos y recibimos es lo único que cuenta y lo único que se recuerda. El sufrimiento se olvida; el amor permanece.

Sus palabras son las más importantes que he oído en mi vida y ese momento quedó grabado para siempre en mi corazón.

Todavía no he visto ni oído a mi padre, pero no tengo ninguna duda de que, algún día, cuando menos lo espere, aparecerá y dirá: "¿Ya te dije hoy que te quiero?"

Bobbie Probstein

Canción del corazón

Había una vez un gran hombre que se casó con la mujer de sus sueños. Con su amor, crearon a una niñita. Era una pequeña brillante y encantadora y el gran hombre la quería mucho.

Cuando era muy pequeñita, la alzaba, tarareaba una melodía y la hacía bailar por el cuarto al tiempo que le decía: "Te quiero, chiquita".

Mientras la niña crecía, el gran hombre solía abrazarla y decirle: "Te amo, chiquita". La hijita protestaba diciendo que ya no era chiquita. Entonces el hombre se reía y decía: "Para mí, siempre vas a ser mi chiquita".

La chiquita que ya-no-era-chiquita dejó su casa y salió al mundo. Al aprender más sobre sí misma, aprendió más sobre el hombre. Vio que era de veras grande y fuerte, pues ahora reconocía sus fuerzas. Una de sus fuerzas era su capacidad para expresar su amor a la familia. Sin importarle en qué lugar del mundo estuviera, el hombre la llamaba y le decía: "Te amo, chiquita".

Llegó el día en que la chiquita que ya-no-era-chiquita recibió una llamada telefónica. El gran hombre estaba mal. Había tenido un derrame. Quedó afásico, le explicaron. No podía hablar y no estaban seguros de que pudiera entender lo que le decían. Ya no podía sonreír, reír, caminar, abrazar, bailar o decirle a la chiquita que ya-no-era-chiquita que la amaba.

Y entonces fue a ver al gran hombre. Cuando entró en la habitación y lo vio, parecía pequeño y ya nada fuerte. Él la miró y trató de hablar pero no pudo.

La chiquita hizo lo único que podía hacer. Se acercó a la cama junto al gran hombre. Los dos tenían los ojos llenos de lágrimas y ella rodeó con sus brazos los hombros inútiles de su padre.

Con la cabeza apoyada en su pecho, pensó en muchas cosas. Recordó los momentos maravillosos que habían pasado juntos y cómo se había sentido siempre protegida y querida por el gran hombre. Sintió dolor por la pérdida que debía soportar, las palabras de amor que la habían confortado.

Y entonces oyó desde el interior del hombre el latido de su corazón. El corazón que siempre había albergado música y palabras. El corazón seguía latiendo, desentendiéndose del daño al resto del cuerpo. Y mientras ella descansaba allí, obró la magia. Oyó lo que necesitaba oír.

Su corazón expresó las palabras que su boca ya no podía decir...

Te amo
Te amo
Te amo
Chiquita
Chiquita
Chiquita

Y se sintió confortada.

Patty Hansen

Amor de verdad

Moisés Mendelssohn, el abuelo del famoso compositor alemán, distaba de ser buen mozo. Además de una estatura bastante baja, tenía una giba grotesca.

Un día, visitó a un comerciante en Hamburgo que tenía una hija encantadora llamada Frumtje. Moisés se enamoró perdidamente de ella. Pero Frumtje sintió rechazo por su aspecto deforme.

Cuando llegó el momento de irse, Moisés juntó coraje y subió la escalera hasta el cuarto de la muchacha para aprovechar una última oportunidad de hablar con ella. Era una visión de belleza celestial, pero le produjo una gran tristeza por su negativa a mirarlo. Después de varios intentos por entablar conversación, Moisés le preguntó con timidez:

—¿Crees que los casamientos se hacen en el cielo?

—Sí —respondió ella, sin apartar los ojos del piso—. ¿Y tú?

—Sí —respondió él—. Sabes, en el cielo, cuando nace un varón, el Señor anuncia con qué chica se casará. Cuando nací yo, me indicaron quién sería mi futura novia. Entonces el Señor agregó: "Pero tu mujer será jorobada".

—En ese mismo instante grité: "Oh, Señor, una mujer jorobada sería una tragedia. Por favor, Señor, dame la joroba y a ella hazla hermosa".

Entonces, Frumtje lo miró a los ojos y fue sacudida por algún recuerdo profundo. Alargó el brazo para darle la mano a Mendelssohn y más adelante se convirtió en su devota esposa.

Barry y Joyce Vissell

El juez abrazador

¡No a los codazos! ¡Sí a los abrazos!

Adhesivo

Lee Shapiro es un juez jubilado. También es una de las personas más cariñosas que conocemos. En un momento de su carrera, Lee se dio cuenta de que el amor es el poder más grande que existe. Como consecuencia de ello, Lee se convirtió en un abrazador. Empezó a ofrecerle a todo el mundo un abrazo. Sus colegas lo apodaron "el juez abrazador". El adhesivo de su auto dice: "¡No me fastidies! ¡Abrázame!"

Hace unos seis años, Lee creó lo que llamó su "Equipo para abrazar". En el exterior se lee "Un corazón por un abrazo". El interior contiene treinta corazoncitos rojos bordados con un adhesivo atrás. Lee sale con su equipo de abrazador, se acerca a las personas y les ofrece un corazón rojo a cambio de un abrazo.

Lee se ha hecho tan famoso con esto que muchas veces lo invitan a pronunciar el discurso de apertura de conferencias y convenciones donde comparte su mensaje de amor incondicional. En una conferencia en San Francisco, los medios de comunicación locales lo desafiaron diciendo: "Es fácil dar abrazos aquí en la conferencia a gente que optó personalmente por estar aquí. Pero esto nunca podría dar resultado en el mundo real".

Desafiaron a Lee a que diera algunos abrazos en las calles de San Francisco. Seguido por un equipo de televisión de la estación local, Lee salió a la calle. Se acercó a una mujer que pasaba. "Hola, soy Lee Shapiro, el juez abrazador. Estoy dando estos corazones a cambio de un abrazo". "Claro", respondió ella. "Demasiado fácil", opinó el animador local. Lee miró a su alrededor. Vio a la empleada del parquímetro que estaba viéndoselas de figurillas con el dueño de un BMW al que le estaba haciendo una multa. Caminó hacia ella, con el equipo televisivo detrás y dijo: "Tengo la impresión de que podría usar un abrazo. Soy el juez abrazador y aquí estoy para ofrecerle uno". Ella aceptó.

El locutor de la televisión lanzó un último desafío. "Mire, ahí viene un ómnibus. Los conductores de San Francisco son los hombres más duros, mezquinos y malhumorados de la ciudad. Veamos si logra que éste lo abrace." Lee aceptó el reto.

Cuando el autobús frenó cerca de la curva, Lee dijo: "Hola, soy Lee Shapiro, el juez abrazador. Este trabajo ha de ser sin dudas uno de los más estresantes del mundo. Yo ofrezco abrazos a la gente para aliviar un poco la carga. ¿Le gustaría uno?" El conductor de 1,86 m y 115 kg se levantó del asiento, bajó y dijo: "¿Por qué no?"

Lee lo abrazó, le dio un corazón y se despidió cuando el ómnibus arrancó. El equipo de TV se quedó sin habla. Finalmente, el locutor dijo: "Debo admitir que estoy muy impresionado".

Un día, Nancy Johnston, amiga de Lee, se apareció en su puerta. Nancy es payaso profesional y llevaba puesto su traje, con maquillaje y todo. "Lee, toma varios de tus equipos para abrazar y vamos al hogar para discapacitados".

Cuando llegaron al hogar, empezaron a dar sombreros, corazones y abrazos a los pacientes. Lee se sentía incómodo. Nunca había abrazado a enfermos terminales, gravemente retardados o cuadripléjicos. Era en verdad una tortura. Pero después de un rato, Nancy y Lee lograron reunir una comitiva de médicos, enfermeras y ordenanzas que empezaron a seguirlos de una sala a otra.

Después de varias horas, ingresaron a la última sala. Eran treinta y cuatro de los peores casos que Lee había visto en su vida. Era algo desesperante. Pero, fieles a su compromiso de compartir su amor y entregar algo, Nancy y Lee empezaron a avanzar por la sala seguidos por la comitiva de miembros del personal médico, todos los cuales llevaban ahora corazones en el cuello y sombreros en la cabeza.

Finalmente, Lee llegó a la última persona, Leonard. Tenía puesta una bata blanca en la que se babeaba. Lee vio cómo mojaba Leonard su bata y dijo: "Vamos, Nancy, no hay forma de llegar a esta persona". Nancy respondió: "Pero Lee, es un ser humano también, ¿no?". Luego de lo cual le colocó un sombrero divertido en la cabeza. Lee sacó uno de sus corazoncitos rojos y lo prendió en la bata de Leonard. Respiró hondo, se inclinó y lo abrazó.

De repente, Leonard empezó a chillar: "¡Eeeeeh, ehhhhh!". Algunos de los otros pacientes en la sala también empezaron a golpear cosas. Lee se volvió hacia el personal tratando de obtener alguna explicación y lo que descubrió fue que todos los médicos, enfermeras y ordenanzas estaban llorando. Lee preguntó qué ocurría a la jefa de enfermeras.

Lee nunca olvidará lo que le respondió: "Es la primera vez en veintitrés años que vemos sonreír a Leonard".

Qué simple es cambiar algo en la vida de otros.

Jack Canfield y Mark V. Hansen

© 1984 United Feature Syndicate, Inc.

5-12

SE NOTA QUE ESTUVO ESCUCHANDO OTRA VEZ LAS GRABACIONES DE LEO BUSCAGLIA...

¿Acá no puede pasar?

Necesitamos cuatro abrazos diarios para sobrevivir. Necesitamos ocho abrazos diarios para mantenernos. Necesitamos doce abrazos diarios para crecer.

Virginia Satir

En nuestros talleres y seminarios, siempre instamos a nuestros alumnos a abrazarse unos a otros. La mayoría de ellos replican: "En el lugar donde trabajo es imposible abrazar a la gente". ¿Está seguro?

La siguiente es una carta de una egresada de uno de nuestros seminarios.

Querido Jack:

hoy empecé el día con un humor bastante sombrío. Mi amiga Rosalind pasó y me preguntó si hoy daba abrazos. Yo mascullé algo, pero enseguida me puse a pensar en los abrazos y todo lo demás el resto de la semana. Miraba la hoja que nos dieron en *How to Keep the Seminar Alive* y me sentía mal cuando llegaba a la parte que habla de dar y recibir abrazos porque no podía imaginarme abrazando a la gente en el trabajo.

Bueno, decidí que ése sería un "día del abrazo" y empecé a abrazar a los clientes que se acercaban a mi escritorio. Fue fantástico ver cómo se ponían todos tan contentos. Un estudiante de Administración de Empresa se subió al escritorio y empezó a bailar. Algunos volvieron y me pidieron otro. Los dos muchachos del service de Xerox, que solían entrar sin dirigirse la palabra entre ellos siquiera, estaban tan sorprendidos que se despabilaron y de repente empezaron a charlar y reírse en el corredor.

Así me sentí cuando abracé a todo el mundo en la Facultad de Economía de Wharton, además, todo lo que esa mañana me parecía mal, incluido un poco de dolor físico, desapareció. Lamento que la carta sea tan larga pero estoy excitadísima. Lo más lindo es que, en un momento había cerca de diez personas abrazándose frente a mi escritorio. No podía creer lo que veía.

Cariños,
Pamela Rogers

P.D.: Cuando volvía a casa, abracé a un policía en la calle 37. Dijo: "¡Uauh! Nadie abraza a los policías. ¿Está segura de que no quiere tirarme algo?"

Otra persona egresada de nuestros seminarios nos envió el siguiente fragmento sobre los abrazos:

El abrazo es saludable. Ayuda al sistema inmune del cuerpo, nos mantiene más sanos, cura la depresión, reduce el estrés, induce el sueño, es fortalecedor, es rejuvenecedor, no tiene efectos secundarios desagradables. El abrazo es nada más ni nada menos que una medicina milagrosa.

El abrazo es absolutamente natural. Es orgánico, dulce, sin pesticidas, sin conservadores, sin ingredientes artificiales y ciento por ciento integral.

El abrazo es prácticamente perfecto. No se desarma, no tiene baterías que se descarguen, no necesita controles periódicos, tiene bajo consumo de energía, produce mucho vigor, es a prueba de inflación, no engorda, no tiene cuotas mensuales ni requisitos de seguro, es a prueba de robo, no imponible, no contamina y, por supuesto, es totalmente reciclable.

Fuente desconocida

Jack Canfield

Tú cuentas

Una profesora de Nueva York decidió rendir homenaje a todos sus alumnos del último año del secundario diciéndoles qué habían cambiado en su vida. Usando un método desarrollado por Helice Bridges de Del Mar, California, hizo pasar al frente a todos los alumnos, uno por uno. Primero, le dijo a cada uno qué importante había sido para ella y para el resto de la clase. Después, les regaló a todos una cinta azul impresa en letras doradas con la leyenda: "Yo cuento".

Después, la profesora decidió trabajar en un proyecto con la clase para ver qué impacto tenía el reconocimiento en la comunidad. Entregó tres cintas más a cada uno de los alumnos y les dio instrucciones para que salieran a difundir esta ceremonia de reconocimiento. Más tarde tendrían que hacer el seguimiento para evaluar los resultados, ver quién homenajeaba a quién y presentar un informe a la clase en una semana.

Uno de los chicos de la clase se acercó a un ejecutivo joven de una empresa y lo condecoró por haberlo ayudado a planificar su carrera. Le entregó una cinta azul y se la puso en la camisa. Después, le dio dos cintas más y le dijo: "Estamos haciendo un trabajo en clase sobre el reconocimiento, y nos gustaría que usted también buscara a alguien a quien honrar". Luego, le dio la otra cinta azul para que pudiera condecorar a una tercera persona y seguir adelante con esta ceremonia. "Después, por favor cuénteme qué pasó".

Ese mismo día, el ejecutivo fue a ver a su jefe, dicho sea de paso, famoso por su mal humor. Lo hizo sentar y le dijo que admiraba su talento creativo. El jefe se quedó sorprendidísimo. El ejecutivo le preguntó si aceptaba que le regalara una cinta azul y si le permitía ponérsela. Su asombrado jefe dijo: "Sí, claro".

El ejecutivo tomó la cinta azul y la prendió en la chaqueta de su jefe; sobre el corazón. Le dio entonces la última cinta que quedaba diciéndole: "¿Me haría un favor? ¿No se llevaría esta otra cinta para condecorar a alguien? El muchacho que me dio las cintas está haciendo un trabajo en el colegio y quiere que esta ceremonia de reconocimiento no se corte, para ver cómo afecta a la gente".

Esa noche, el jefe llamó a su hijo de catorce años y lo hizo sentar. Le dijo: "Hoy me pasó algo increíble. Estaba en mi oficina y uno de mis ejecutivos vino a verme para decirme que me admiraba y me entregó una cinta azul por ser un talento creativo. Imagínate. Cree que soy un talento creativo. Después, me puso esta cinta azul que dice 'Yo cuento' en mi chaqueta, sobre el corazón. Me dio otra cinta y me pidió que encontrara alguien para condecorar. Cuando venía manejando para casa, empezó a darme vueltas por la cabeza a quién iba a condecorar con esa cinta y pensé en ti. Quiero condecorarte a ti.

"Mis días son muy agitados y cuando vuelvo a casa no te presto demasiada atención. A veces te grito porque no te sacas buenas notas en el colegio y porque tienes el cuarto hecho un lío, pero hoy, de alguna manera, quería simplemente que nos sentáramos aquí para poder decirte que cuentas mucho para mí. Aparte de tu madre, eres la persona más importante en mi vida. ¡Eres un gran chico y te quiero mucho!"

El hijo, sorprendido, empezó a llorar y no podía parar de llorar. Todo su cuerpo se sacudía. Miró a su padre y, entre lágrimas, dijo: "Tenía pensado suicidarme mañana, papá, porque creí que no me querías. Ahora, ya no tengo por qué hacerlo".

Helice Bridges

De a una

Un amigo nuestro iba caminando al atardecer por una playa mejicana desértica. Mientras caminaba, divisó a otro hombre a lo lejos. Al acercarse, notó que el lugareño se agachaba constantemente, recogía algo y lo arrojaba al agua. Una y otra vez lanzaba cosas al océano.

Cuando nuestro amigo se acercó más todavía, vio que el hombre recogía estrellas de mar que se habían lavado en la playa y, una por vez, las iba devolviendo al agua.

Nuestro amigo se sintió confundido. Se acercó y dijo:

—Buenas noches, amigo. Me pregunto qué está haciendo.

—Devuelvo estas estrellas de mar al océano. Ve, en este momento, la marea está baja y todas estas estrellas quedaron en la costa. Si no las echo nuevamente al mar, se mueren aquí por falta de oxígeno.

—Ya entiendo —respondió mi amigo—, pero ha de haber miles de estrellas de mar en esta playa. Es imposible agarrarlas a todas. Son demasiadas. Además, seguramente esto pasa en cientos de playas a lo largo de toda esta costa. ¿No se da cuenta de que no cambia nada?

El lugareño sonrió, se agachó, levantó otra estrella de mar para arrojarla de nuevo al mar y respondió:

—¡Para ésta sí cambió algo!

Jack Canfield y Mark V. Hansen

El regalo

Bennet Cerf relata su conmovedora historia de un ómnibus que iba dando saltos por una ruta provincial en el Sur.

En un asiento, un anciano delgado sostenía un ramo de flores frescas. Al otro lado del pasillo, había una jovencita cuya mirada se fijaba una y otra vez en las flores que llevaba el hombre. Llegó el momento en que el anciano tenía que bajarse. Impulsivamente, arrojó las flores sobre la falda de la jovencita. "Veo que le gustan las flores —explicó—, y creo que a mi mujer le gustaría que las tuviera usted. Le diré que se las di." La chica aceptó las flores y luego observó que el anciano bajaba del ómnibus y atravesaba el portón de un pequeño cementerio.

Un hermano así

Un amigo mío llamado Paul recibió del hermano un auto como regalo de Navidad. La noche anterior, cuando Paul salió de su oficina, había un chico de la calle dando vueltas alrededor del auto flamante y brillante, al que miraba con admiración.

—¿Este auto es suyo, señor? —preguntó.

Paul asintió.

—Me lo regaló mi hermano para Navidad.

El chico estaba maravillado.

—¿Quiere decir que su hermano se lo dio y no le costó nada? Diablos, ojalá... —vaciló.

Naturalmente, Paul sabía cuál era su deseo. Ojalá él hubiera tenido un hermano así. Pero lo que el chiquillo dijo dejó a Paul paralizado de la cabeza a los pies.

—Ojalá —continuó— yo pudiera ser un hermano así.

Paul miró al chico anonadado, y agregó, impulsivamente:

—¿Te gustaría dar una vuelta en mi auto?

—Oh, sí, me encantaría.

Después de un breve paseo, el chico se volvió y con los ojos fulgurantes dijo:

—Señor, ¿le molestaría pasar frente a mi casa?

Paul esbozó una sonrisa. Creyó saber qué quería el muchacho. Quería mostrarles a los vecinos que podía llegar a su casa en un auto grande. Sin embargo, por segunda vez se equivocó.

—¿Podría frenar donde están esos dos escalones? —preguntó el chico.

Subió los dos escalones corriendo. Pasó un ratito y Paul lo oyó regresar, pero no venía rápido. Cargaba a su hermanito inválido. Lo sentó en el escalón de abajo, después se apretó un poco contra él y señaló el auto.

—Es ése, Buddy, como te dije arriba. El hermano se lo regaló para Navidad y no le costó ni un centavo. Algún día yo te voy a dar uno así... y entonces podrás ver todas las cosas lindas que hay en las vidrieras de Navidad de las que yo te he hablado.

Paul se bajó y sentó al pequeño en el asiento delantero del auto. El hermano mayor, eufórico, subió a su lado y los tres iniciaron un paseo memorable.

Esa Nochebuena, Paul entendió qué quería decir Jesús con: "*Es mejor dar que recibir...*"

Dan Clark

Hablando de coraje

—¿Conque crees que soy valiente? —preguntó ella.
—Sí.
—Tal vez lo sea. Pero es porque tuve algunos maestros que me inspiraron. Te hablaré de uno de ellos. Hace muchos años, cuando trabajaba como voluntaria en el Stanford Hospital, conocí a una pequeña llamada Liza que padecía una enfermedad rara y grave. La única posibilidad que tenía de recuperarse era recibir una transfusión de sangre de su hermanito de cinco años, que había sobrevivido milagrosamente a la misma enfermedad y había desarrollado los anticuerpos necesarios para combatirla. El médico le explicó la situación al hermanito y le preguntó si estaba dispuesto a darle sangre a la hermana. Lo vio vacilar apenas un instante, respiró hondo y dijo: 'Sí, lo haré si con eso Liza se salva'.

"Mientras estaban haciendo la transfusión, estaba en una cama paralela a la de su hermana y sonreía, como lo hacíamos todos, al ver que a ella le volvían los colores a las mejillas. De repente, el chiquito se puso pálido y su sonrisa se desvaneció. Miró al médico y le preguntó, con voz temblorosa: '¿Voy a empezar a morirme ya mismo?'.

"Siendo tan pequeño, había malinterpretado al médico; creyó que tendría que darle toda la sangre."

"Sí, aprendí qué es el coraje —agregó—, porque tuve buenos maestros".

Dan Millman

El gordo Ed

Cuando llegué a la ciudad para presentar un seminario sobre Conducción Firme, un grupito me invitó a cenar para ponerme al tanto de la gente con la que debería hablar al día siguiente.

El líder evidente del grupo era el gordo Ed, un tipo corpulento con una voz profunda y estruendosa. Durante la comida, me informó que era mediador en una gran organización internacional. Su trabajo consistía en ir a determinadas divisiones o subsidiarias para poner fin al empleo del ejecutivo a cargo.

"Joe —dijo—, estoy ansioso por lo de mañana porque todos necesitan escuchar a un tipo duro como tú. Descubrirán que mi estilo es el indicado", se rió socarronamente y me guiñó el ojo.

Yo sonreí. Sabía que sería distinto de lo que él suponía.

Al día siguiente, se mantuvo impasible durante todo el seminario y se fue al final sin decirme una palabra.

A los tres años, volví a esa ciudad para presentar otro seminario sobre administración más o menos al mismo grupo. Allí estaba nuevamente el gordo Ed. A eso de las diez, de golpe se puso de pie y preguntó en voz alta:

—Joe, ¿puedo decirle algo a esta gente?

Sonreí y dije:

—Claro. Alguien corpulento como tú, Ed, puede decir todo lo que quiera.

—Todos ustedes me conocen —retomó el gordo Ed— y algunos ya saben qué me pasó. No obstante, quiero compartirlo con todos. Joe, creo que me lo vas a agradecer cuando haya terminado.

"Cuando te oí sugerirnos que, para ser realmente firmes, debíamos aprender a decir a los que nos rodeaban que los amábamos, pensé que era un montón de basura sentimental. Me preguntaba qué tenía que ver eso con ser firme. Tú dijiste que la firmeza es como el cuero y la dureza es como el granito, que la mente firme es abierta, flexible, disciplinada y tenaz. Pero no veía dónde entraba el amor en todo eso.

"Esa noche, mientras estaba sentado en el living de casa frente a mi mujer, tus palabras seguían dándome vueltas en la cabeza. ¿Qué clase de valor se necesitaba para decirle a mi mujer que la amaba? ¿Acaso no podía hacerlo cualquiera? También habías dicho que debía hacerse a la luz del día y no en el dormitorio. En un momento dado, me aclaré la garganta, empecé a hablar y me detuve. Mi mujer alzó la vista y me preguntó qué había dicho, y respondí: 'Nada'. De repente, me levanté, atravesé el cuarto, hice a un lado su diario y dije: 'Alice, te amo'. Primero, me miró sorprendida. Después, se le llenaron los ojos de lágrimas y dijo, suavemente: 'Ed, yo también te amo, pero es la primera vez en veinticinco años que me lo dices así'.

"Hablamos un rato sobre el amor y llegamos a la conclusión de que, si lo hay, se pueden disolver todo tipo de tensiones, y de repente decidí llamar a mi hijo mayor que vive en Nueva York. Nunca nos comunicamos bien. Cuando atendió el teléfono, le dije abruptamente: 'Hijo, vas a pensar que estoy borracho, pero no. Simplemente quise llamarte para decirte que te amo'.

"Hubo un silencio y luego le oí decir, despacito: 'Papá, supongo que lo sabía pero te aseguro que es bueno oírlo. Quiero que sepas que yo también te amo'. Tuvimos una linda charla y después llamé a mi hijo menor en San Francisco. Nos habíamos llevado mejor.

Le dije lo mismo y también en ese caso tuvimos una charla como nunca habíamos tenido.

"Esa noche, en la cama, pensando, me di cuenta de que todas las cosas que habías dicho ese día —sobre el management de verdad y todo lo demás— adquirían otro significado y de que podría arreglármelas para aplicarlas si entendía y practicaba el amor firme.

"Empecé a leer libros sobre el tema. Obviamente, Joe, muchos grandes tuvieron mucho qué decir y empecé a darme cuenta de la enorme viabilidad del amor aplicado en mi vida, tanto en casa como en el trabajo.

"Como bien saben algunos de los que están aquí, cambié mi forma de trabajar con la gente. Empecé a escuchar y prestar verdadera atención. Aprendí qué significaba tratar de conocer los puntos fuertes de las personas antes que demorarme en sus debilidades. Empecé a descubrir el verdadero placer de ayudarlos a elaborar su confianza. Y tal vez lo más importante es que empecé a entender realmente que una manera excelente de mostrar amor y respeto a las personas es esperar que usen sus fuerzas para alcanzar los objetivos que elaboramos juntos.

"Joe, ésta es mi manera de decir gracias. A propósito, ¡hablando de lo práctico! Ahora soy vicepresidente ejecutivo de la empresa y me consideran un líder con carisma. ¡Muy bien, muchachos, ahora escuchen a este tipo!"

Joe Batten

El amor y el taxista

El otro día estaba en Nueva York y viajé en taxi con un amigo. Al bajarnos, mi amigo le dijo al taxista:

—Gracias por el viaje. Condujo a las mil maravillas.

Por un momento, el taxista se quedó sorprendido.

—¿Se está haciendo el piola o qué? —preguntó.

—No, mi querido amigo, y no estoy tomándole el pelo. Admiro la forma en que se mantiene sereno con este tránsito pesado.

—Sí —dijo el taxista y arrancó.

—¿Qué significa esto? —pregunté.

—Estoy tratando de que vuelva el amor a Nueva York —dijo—. Creo que es lo único que puede salvar a esta ciudad.

—¿Cómo puede salvar a Nueva York un solo hombre?

—No es un solo hombre. Creo que a ese taxista le alegré el día. Supón que hace veinte viajes. Va a ser amable con esos veinte pasajeros porque alguien fue amable con él. Esos pasajeros a su vez serán más atentos con sus empleados o con los vendedores o mozos, o incluso con sus propias familias. Finalmente, la buena voluntad puede llegar a difundirse por lo menos a mil personas. No está mal, ¿no?

—Pero dependes de que ese taxista pase tu buena voluntad a otros.

—Yo no dependo de eso —dijo mi amigo. Soy consciente de que el sistema no es a prueba de idiotas, o sea que hoy debería abordar a unas diez personas. Si de las diez, puedo hacer felices a tres, a la larga puedo influir indirectamente en las actitudes de tres mil más.

—Suena bien en teoría —admití—, pero no estoy seguro de que en la práctica funcione.

—Si no es así, no se pierde nada. Decirle a este hombre que estaba haciendo bien su trabajo no me llevó nada de tiempo. Él tampoco recibió una propina mayor o menor. Si cayó en oídos sordos, ¿qué más da? Mañana, ya habrá otro taxista al que pueda intentar hacer feliz.

—Estás totalmente loco —dije.

—Eso demuestra lo cínico que te has vuelto. Hice un estudio. Al parecer, lo que les falta a nuestros empleados postales, además de dinero, es que nadie les dice qué bien hacen su trabajo.

—Es que, directamente, no trabajan bien.

—No trabajan bien porque sienten que a nadie le importa si lo hacen o no. ¿Por qué nadie les dice nada amable?

Pasamos frente a una obra en construcción y había cinco obreros que comían su almuerzo. Mi amigo se detuvo.

—Están haciendo un trabajo magnífico. Ha de ser difícil y peligroso.

Los hombres miraron a mi amigo con recelo.

—¿Cuándo estará terminado?

—En junio —masculló uno.

—Ah. Es impresionante. Deben de estar muy orgullosos.

Nos alejamos.

—No había visto a nadie como tú después de Don Quijote de la Mancha —dije.

—Cuando esos hombres digieran mis palabras, se sentirán mejor. De alguna manera, la ciudad se beneficiará con su felicidad.

—¡Pero no puedes hacerlo solo! —protesté—. No eres más que uno.

—Lo más importante es no desalentarse. Lograr que la gente de la ciudad vuelva a ser amable no es fácil, pero si puedo reclutar a más gente en la campaña...

—Acabas de guiñarle el ojo a una mujer fea —dije.

—Sí, ya sé —respondió—. Y si es maestra, seguramente hoy va a ser un día de clase fantástico.

Art Buchwald

Un gesto simple

Todos pueden ser grandes... porque todos pueden servir. Para servir no hace falta un título universitario. Para servir no hay por qué hacer concordar el sujeto y el verbo. Sólo se necesita un corazón lleno de gracia. Un alma generada por el amor.

Martin Luther King, Jr.

Un día, Mark volvía caminando del colegio cuando vio que el chico que iba adelante había tropezado y se le habían caído todos los libros que llevaba, además de dos abrigos, un bate de béisbol, un guante y un grabador pequeño. Mark se arrodilló y colaboró con el chico en recoger los artículos diseminados. Como iban en la misma dirección, lo ayudó a llevar parte de las cosas. Mientras caminaban, Mark descubrió que el chico se llamaba Bill, que le encantaban los videojuegos, el béisbol y la historia, que tenía muchos problemas con las demás materias y que acababa de romper con su novia.

Llegaron a la casa de Bill, y Mark fue invitado a tomar una Coca-Cola y a mirar un poco de televisión. La tarde fue agradable, con risas y charla compartidas y Mark regresó a su casa. Siguieron viéndose en el colegio, y almorzaron juntos una o dos veces, hasta que los dos terminaron el ciclo básico. Completaron los estudios del ciclo medio en la misma secundaria donde mantuvieron sus breves contactos a lo largo de los años. Finalmente, llegó el esperado último año y, tres semanas antes de recibirse, Bill le preguntó a Mark si podían hablar.

Entonces le recordó el día en que se habían conocido muchos años antes. "¿Nunca te preguntaste por qué llevaba tantas cosas a casa aquel día?", preguntó Bill. "Sabes, había limpiado mi armario porque no quería dejarle un revoltijo a nadie. Había guardado algunas píldoras para dormir de mi madre y me iba a casa a suicidarme. Pero después de pasar un tiempo juntos, hablando y riéndonos, me di cuenta de que si me hubiera matado, habría perdido esa oportunidad y muchas otras que podrían aparecer. De modo que ya ves, Mark, cuando recogiste mis libros ese día, hiciste muchísimo más. Me salvaste la vida."

John W. Schlatter

La sonrisa

Sonríe, sonríe a tu esposa, sonríe a tu marido, sonríe a tus hijos. Sonrían —no importa a quién— y eso los ayudará a crecer en un amor más grande por el otro.

Madre Teresa

Muchos norteamericanos conocen *El principito*, un libro maravilloso de Saint-Exupéry. Se trata de un libro extraño y fabuloso y tiene la doble función de ser un cuento para chicos y una fábula que mueve a la reflexión a los adultos. Muchos menos conocen otros escritos, novelas y cuentos del autor.

Saint-Exupéry era un piloto de guerra que luchó contra los nazis y murió en acción. Antes de la Segunda Guerra Mundial, combatió en la Guerra Civil española contra los fascistas. Escribió una historia fascinante sobre esta experiencia titulada *La sonrisa (Le sourire)*. Me gustaría compartirla ahora con ustedes. No se sabe a ciencia cierta si es autobiográfica o de ficción. Personalmente, prefiero creer lo primero.

Cuenta que fue capturado por el enemigo y arrojado a una celda.

Por las miradas despectivas y el trato duro que recibía de sus carceleros, estaba seguro de que sería ejecutado al día siguiente. A partir de aquí, contaré la historia tal como la recuerdo aunque con mis palabras.

"Estaba seguro de que me matarían. Me puse terriblemente nervioso e inquieto. Revolví mis bolsillos para ver si algún cigarrillo había escapado al registro. Encontré uno y me temblaban tanto las manos que apenas pude llevármelo a los labios. Pero no tenía fósforos, se los habían quedado.

"Miré a mi carcelero a través de los barrotes. No hizo contacto visual conmigo. Después de todo, nadie hace contacto visual con una cosa, con un cadáver. Le grité: '¿Tiene fuego, por favor?' Me miró, se encogió de hombros y se acercó para encenderme el cigarrillo.

"Al acercarse y encender el fósforo, sus ojos accidentalmente se cruzaron con los míos. En ese momento, sonreí. No sé por qué lo hice. Tal vez fue por nerviosismo, tal vez fue porque, cuando dos personas se acercan mucho, cuesta no sonreír. Sea como fuere, sonreí. En ese instante, fue como si una chispa hubiera saltado la brecha entre nuestros dos corazones, nuestras dos almas humanas. Sé que él no quería, pero mi sonrisa atravesó los barrotes y generó otra sonrisa en sus labios. Me encendió el cigarrillo pero se quedó cerca, mirándome directamente a los ojos y sin dejar de sonreír.

"Seguí sonriéndole, consciente de él ahora como persona y no ya sólo como carcelero. Y su mirada pareció adquirir una nueva dimensión. '¿Tienes hijos?,' preguntó.

"'Sí, aquí, aquí.' Saqué mi billetera y busqué tembloroso las fotos de mi familia. Él también sacó las fotos de sus niños y empezó a hablar sobre sus planes y esperanzas con respecto a ellos. Se me llenaron los ojos de lágrimas. Dije que temía no volver a ver a mi familia, no tener la oportunidad de verlos crecer. A él también se le llenaron los ojos de lágrimas.

"De pronto, sin decir una palabra, abrió la celda y en silencio me llevó afuera. Salimos de la cárcel, y, despacio y por calles laterales, salimos de la ciudad. Allí, a la orilla de la ciudad, me liberó. Y sin decir una palabra, regresó a la ciudad.

"Una sonrisa me salvó la vida."

Sí, la sonrisa, la conexión sincera, espontánea y natural entre las personas. Cuento esta historia en mi trabajo porque me gustaría que la gente considerara que debajo de todas las capas que construimos para protegernos: nuestra dignidad, nuestros títulos, nuestros diplomas, nuestro estatus y la necesidad de que nos vean de determinadas maneras, debajo de todo eso, está el yo auténtico y esencial. No me da miedo llamarlo alma. Realmente, creo que si esa parte tuya y esa parte mía pudieran reconocerse, no seríamos enemigos. No podríamos sentir odio ni envidia ni miedo. Llego a la triste conclusión de que todas esas otras capas, que construimos con tanto esmero a lo largo de nuestras vidas, nos distancian e impiden que nos pongamos en real contacto con los demás. La historia de Saint-Exupéry habla de ese momento mágico en que dos almas se reconocen.

He tenido algunos momentos así. Al enamorarme por ejemplo. Al mirar a un bebé. ¿Por qué sonreímos cuando vemos un bebé? Tal vez sea porque vemos a alguien sin todas esas capas defensivas, alguien cuya sonrisa nos resulta genuina y sin engaños. Y el alma de niño que llevamos dentro sonríe anhelante en reconocimiento.

Hanoch McCarty

Amy Graham

Después de volar toda la noche desde Washington D.C., al llegar a la iglesia Mile High, en Denver, para dirigir tres servicios y un taller sobre conciencia para la prosperidad, estaba muy cansado. Entré en la iglesia y el Dr. Fred Vogt me preguntó:

—¿Oyó hablar de la Fundación *Pida un Deseo?*

—Sí —respondí.

—Bueno, a Amy Graham le diagnosticaron leucemia terminal. Le dieron tres días. Su último deseo fue asistir a sus servicios.

Me quedé helado. Sentí una combinación de alegría, temor, respeto y duda. No podía creerlo. Pensé en los niños que están muriéndose y quieren ir a Disneylandia, conocer a Sylvester Stallone, a Mr. "T", o a Arnold Schwarzeneger. Sin duda no desearían pasar sus últimos días escuchando a Mark Victor Hansen. Por qué una chica con apenas unos días de vida habría de querer oír a un predicador. De pronto, alguien interrumpió mis pensamientos...

—Aquí está Amy —dijo Vogt, al tiempo que ponía la mano frágil de ella en la mía. Frente a mí, había una chica de diecisiete años. Un turbante de brillantes colores rojo y anaranjado cubría su cabeza que había quedado pelada debido a los tratamientos con quimioterapia. Su cuerpo estaba encorvado, debilitado. Dijo:

—Mis dos metas eran terminar el secundario y estar presente en su charla. Mis médicos no me creían capaz de ninguna de las dos cosas. No pensaban que tendría energía suficiente. Me mandaron de vuelta con mis padres... Éstos son mamá y papá.

Me brotaron las lágrimas; estaba ahogado. Mi equilibrio se tambaleaba. Estaba profundamente conmovido. Carraspeé, sonreí y dije:

—Tú y tu familia son nuestros invitados. Gracias por querer venir.

Nos abrazamos, nos miramos a los ojos y nos separamos.

He asistido a muchos seminarios de sanación en Estados Unidos, Canadá, Malasia, Nueva Zelandia y Australia. He visto trabajar a los mejores sanadores y he estudiado, investigado, escuchado, analizado y cuestionado qué funciona, por qué y cómo.

Ese domingo a la tarde dirigí el seminario al que asistían Amy y sus padres. El público desbordaba con más de mil asistentes ansiosos por aprender, crecer y ser más plenamente humanos.

Con humildad, les pregunté si querían aprender un proceso de sanación que podía servirles para la vida. Desde el estrado, parecía que en el aire se alzaban las manos de todos los presentes. Querían aprender.

Les enseñé a frotarse con fuerza las manos, separarlas unos cinco centímetros y sentir la energía sanadora. Después, los hice formar parejas para sentir la energía sanadora que sale de una persona a otra. Dije: "Si necesitas una cura, acéptala aquí y ahora".

El público estaba unido y se vivió una sensación de éxtasis. Expliqué que todos tenemos energía sanadora y potencial sanador. En un cinco por ciento de nosotros, brota con tanto impulso de nuestras manos que podemos transformarlo en nuestra profesión.

—Esta mañana —expresé—, me presentaron a Amy Graham, una chica de diecisiete años cuyo último deseo era estar en este seminario. Quiero traerla hasta aquí y que todos ustedes le envíen una energía de vida sanadora.

Tal vez podamos hacer algo. Ella no lo pidió. Lo hago espontáneamente porque considero que es bueno.

El público entonó: "¡Sí, sí, sí, sí!"

El padre de Amy la acercó hasta el estrado. Se veía debilitada por la quimioterapia, demasiado reposo en cama y una falta absoluta de ejercicio. (Los médicos no la habían dejado caminar durante las dos semanas anteriores al seminario.)

Hice que el grupo se calentara las manos y le enviara energía sanadora, después de lo cual hubo una emotiva aclamación de pie.

A las dos semanas, me llamó para decirme que el médico le había dado el alta después de su total recuperación. Dos años más tarde, me llamó para decirme que se casaba.

Aprendí a no subestimar nunca el poder sanador que todos tenemos. Siempre está listo para el mayor bien. Sólo tenemos que acordarnos de usarlo.

Mark V. Hansen

Una historia para el día de San Valentín

Larry y Jo Ann eran una pareja común. Vivían en una casa común en una calle común. Como cualquier otra pareja común, luchaban por llegar a fin de mes y hacer bien las cosas para sus hijos.

Eran comunes también en otro sentido: tenían sus peleas. Gran parte de su conversación se refería a qué andaba mal en su matrimonio y quién tenía la culpa.

Hasta que un día se produjo un hecho extraordinario.

—Sabes, Jo Ann, compré una cómoda mágica. Cada vez que la abro, está llena de medias y ropa interior —dijo Larry—. Quiero darte las gracias por haberla llenado todos estos años.

Jo Ann miró a su marido por encima de los anteojos.

—¿Qué quieres, Larry?

—Nada. Sólo quiero que sepas que aprecio esa cómoda mágica.

No era la primera vez que Larry hacía algo extraño, de modo que Jo Ann olvidó el incidente hasta varios días más tarde.

—Jo Ann, gracias por anotar bien los números de los cheques en el libro este mes. Pusiste las cifras correctas en quince de los dieciséis montos. Es un récord.

Sin creer lo que oía, Jo Ann levantó la vista de la costura.

—Larry, siempre te quejas de que anoto mal los números de los cheques. ¿Por qué dejas de hacerlo?

—No hay ningún motivo. Sólo quería que supieras que aprecio el esfuerzo que estás haciendo.

Jo Ann meneó la cabeza y volvió a su costura. "¿Qué le pasará?", pensó.

No obstante, al día siguiente, cuando Jo Ann hizo un cheque en el almacén, miró su chequera para confirmar que había escrito el número de cheque correcto. "¿Por qué diablos ahora me preocupo tanto por esos tontos números de cheques?", se preguntó.

Trató de minimizar el incidente, pero la extraña conducta de Larry se intensificó.

—Jo Ann, fue una comida excelente —dijo una noche—. Aprecio todo tu esfuerzo. Vaya, en los últimos quince años, apuesto a que preparaste más de catorce mil comidas para mí y los chicos.

Después:

—Qué bueno, Jo Ann, la casa está espléndida. Realmente has trabajado mucho para tenerla así.

O incluso:

—Gracias, Jo Ann, por ser como eres. Realmente me encanta tu compañía.

Jo Ann estaba cada vez más preocupada. "¿Dónde está el sarcasmo, la crítica?", se preguntaba.

Sus miedos de que algo raro le ocurría a su marido fueron confirmados por Shelley, su hija de dieciséis años, que se lamentó diciendo:

—Papá se volvió loco, mamá. Acaba de decirme qué linda soy. Con todo este maquillaje y esta ropa desaliñada, lo dijo igual. Ese no es papá, mamá. ¿Qué le pasa?

Fuera lo que fuere, Larry no lo superaba. Día tras día seguía concentrándose en lo positivo.

Al cabo de varias semanas, Jo Ann se acostumbró más al comportamiento inusual de su marido y ocasionalmente hasta le respondía con un rencoroso "gracias". Se enorgullecía de seguirle el paso, hasta que un día ocurrió algo tan peculiar que la descolocó del todo:

—Quiero que te tomes un descanso —dijo Larry—. Yo lavaré los platos. Quita las manos de esa sartén y sal de la cocina.

(Larga, larga pausa.)

—Gracias, Larry. ¡Muchas gracias!

El andar de Jo Ann era ahora un poco más liviano, su confianza mucho más firme y cada tanto tarareaba. Ya no se ponía de mal humor tan seguido. "Me gusta la nueva actitud de Larry", pensaba.

Ése sería el final de la historia si no fuera porque un día ocurrió otro hecho extraordinario. Esta vez, la que habló fue Jo Ann.

—Larry —dijo—. Quiero darte las gracias por trabajar y por habernos mantenido todos estos años. Creo que nunca te dije lo mucho que lo valoro.

Larry nunca reveló el motivo de su rotundo cambio de comportamiento pese a lo mucho que Jo Ann ha insistido en que se lo cuente, y tal vez siga siendo uno de los misterios de la vida. Pero doy las gracias por vivir con él.

Sabe, yo soy Jo Ann.

Jo Ann Larsen
(Noticias del desierto) *Desert News*

¡Carpe diem!

Alguien que aparece como ejemplo luminoso de comunicación valiente es John Keating, el profesor renovador retratado por Robin Williams en *La Sociedad de los poetas muertos*. En esta estupenda película, Keating toma a un grupo de estudiantes disciplinados, formales y espiritualmente incapaces de un colegio con pupilaje y los inspira para hacer que sus vidas sean extraordinarias.

Estos jóvenes, tal como Keating se lo hace ver, perdieron de vista sus sueños y ambiciones. Viven de modo automático los planes y las expectativas que sus padres les transmitieron. Proyectan ser médicos, abogados y banqueros porque eso es lo que los padres les dijeron que deberían ser. Pero, esos seres áridos apenas han pensado en lo que sus corazones los llaman a expresar.

Una de las primeras escenas de la película muestra al Sr. Keating que lleva a los chicos al hall del colegio donde las vitrinas exhiben fotos de promociones anteriores. "Miren estas fotos, chicos —dice Keating a los alumnos—. Los jóvenes que están viendo tenían en los ojos el mismo fuego que ustedes. Planeaban llevarse el mundo por delante y hacer algo fantástico con sus vidas. Eso fue hace setenta años. Ahora todos están bajo tierra. ¿Cuántos de ellos realizaron sus sueños? ¿Hicieron lo que se habían propuesto cumplir?" Luego, el Sr. Keating se asoma al claustro de preparatoria y susurra en forma audible: "¡*Carpe diem!* ¡Aprovecha el día presente!"

Al principio, los estudiantes no saben qué hacer con este extraño profesor. Pero en seguida aprecian la importancia de sus palabras. Llegan a respetar y a admirar al Sr. Keating, que les dio una visión distinta, o les devolvió las suyas originales.

> *Todos nosotros caminamos con algún tipo de tarjeta de felicitaciones que nos gustaría regalar, alguna expresión personal de alegría, creatividad o vitalidad que llevamos guardada debajo de la camisa.*

Un personaje de la película, Knox Overstreet, tiene un metejón fenomenal con una chica lindísima. El único problema es que es la novia de un deportista famoso. Knox está hechizado hasta la médula por esta encantadora criatura pero le falta confianza para abordarla. Entonces, se acuerda del consejo del Sr. Keating: "¡Aprovecha el día presente!" Knox se da cuenta de que no puede quedarse soñando; si la quiere, tiene que hacer algo al respecto. Y lo hace. Con audacia y poesía le declara sus sentimientos más afectuosos. Ella lo rechaza, el novio le da una piña en la nariz y él tiene que enfrentar una serie de contrariedades embarazosas. Pero Knox no está dispuesto a abandonar su sueño, de modo que sigue el deseo de su corazón. Finalmente, ella siente la autenticidad de su cariño y le abre su corazón. Si bien Knox no es particularmente buen mozo o popular, la chica es conquistada por el poder de su sincera intención. Knox hizo extraordinaria su vida.

Yo también tuve oportunidad de aprovechar el día. Me agarré un metejón con una chica linda que conocí en una veterinaria. Era más chica que yo, tenía un estilo de vida muy diferente del mío y no teníamos mucho para decirnos. Pero, de alguna manera, nada de esto parecía importar. Me gustaba estar con ella y en su presencia me sentía radiante. Y me parecía que a ella también le gustaba mi compañía.

Al enterarme de que pronto sería su cumpleaños, decidí invitarla a salir. Cuando estaba a punto de llamarla, me quedé sentado mirando el teléfono durante media hora. Por fin marqué el número y colgué antes de que sonara. Me sentía como un chico de colegio; vacilaba entre una excitación anticipada y el temor al rechazo. Una voz desde el infierno me repetía que yo no le gustaría y que era un descarado invitándola. Pero me sentía demasiado entusiasmado con la idea de estar con ella para permitir que esos miedos me frenaran. Al final, reuní fuerzas. Me dio las gracias por haberla invitado y me dijo que ya tenía otros planes.

Me sentí destruido. La misma voz que me había dicho que no llamara me aconsejó que olvidara el asunto antes de quedar peor parado. Pero estaba decidido a ver en qué consistía la atracción. Había mucho más dentro de mí con ansias de salir a la luz. Sentía algo por esa mujer y tenía que expresarlo.

Fui al centro comercial y le compré una linda tarjeta de cumpleaños en la que escribí una nota poética. Fui hasta la veterinaria donde sabía que estaba trabajando. Al acercarme a la puerta, la misma voz perturbadora me alertó: "¿Y si no le gustas? ¿Y si te rechaza?" Me sentí débil, vulnerable, y guardé la tarjeta debajo de mi camisa. Decidí que si ella me mostraba signos de afecto, se la daría; si era fría conmigo, la mantendría oculta. De esa manera no correría ningún riesgo y evitaría el rechazo o la incomodidad.

Hablamos un rato y no recibía de ella ningún signo de una u otra cosa. Me sentía incómodo y decidí irme.

Sin embargo, cuando estaba cerca de la puerta, me habló otra voz. Me llegó en un murmullo, parecido al del Sr. Keating. Me instó: "¡Recuerda a Knox Overstreet... *Carpe Diem*!" En ese momento, se enfrentaron mi deseo de abrir mi corazón y mi resistencia a quedar expuesto en la inseguridad de la desnudez emocional. ¿Cómo puedo ir por ahí diciéndoles a otros que vivan su sueño —me pregunté a mí mismo— si yo no vivo el mío? Además, ¿qué es lo peor que podría pasar? Cualquier mujer estaría encantada de recibir una poética tarjeta de cumpleaños. Decidí aprovechar el día. Sentí que un arrebato de valor cruzaba por mis venas. Evidentemente, había fuerza en mi intención.

> *Hacía tiempo que no me sentía tan satisfecho y en paz conmigo mismo... Necesitaba aprender a abrir mi corazón y dar amor sin exigir nada a cambio.*

Saqué la tarjeta, me di vuelta, caminé hasta el mostrador y se la di. Al entregársela sentí una vitalidad y una excitación increíbles, además de miedo. (Fritz Perls decía que el miedo es "excitación sin aliento".) Pero lo hice.

¿Y sabe una cosa? No se sorprendió demasiado. Dijo: "Gracias" y dejó la tarjeta a un costado sin abrirla siquiera. Mi corazón dio un vuelco. Me sentí decepcionado y rechazado. No recibir ninguna respuesta me parecía peor que una negativa directa.

Me despedí cortésmente y salí del negocio. Entonces ocurrió algo sorprendente. Empecé a sentirme exultante. Una enorme ola de satisfacción interna se agitaba en mi interior y sacudía todo mi ser. Había expresado a mi corazón y ¡era fantástico! Había superado el miedo y me había animado a salir a bailar. Sí, con un poco de torpeza, pero lo hice. (Emmet Fox decía: "¡Hazlo temblando si es necesario, pero hazlo!") Había entregado mi corazón sin exigir una garantía de los resultados. No lo di para obtener algo a cambio. Le abrí mis sentimientos sin aferrarme a una respuesta en particular.

> *La mecánica necesaria para que una relación funcione: entregue constantemente su amor.*

Mi exultación alcanzó un cálido éxtasis. Hacía tiempo que no me sentía tan satisfecho y en paz conmigo mismo. Tomé conciencia del propósito de toda la experiencia: necesitaba aprender a abrir mi corazón y a dar amor sin exigir nada a cambio. Esta experiencia iba más allá de crear una relación con esa mujer. Significaba profundizar mi relación conmigo mismo. Y lo hice. El Sr. Keating se habría sentido orgulloso. Pero lo más importante era que yo estaba orgulloso.

Desde entonces, no vi mucho a esa chica, pero esa experiencia cambió mi vida. A través de esa simple interacción vi con claridad cuál es la mecánica necesaria para que una relación y quizá todo el mundo funcionen: *uno debe entregar constantemente su amor*.

Creemos que cuando no recibimos amor nos lastiman. Pero no es eso lo que nos lastima. Nuestro dolor surge cuando no damos amor. Nacimos para amar. Podría decirse que somos máquinas de amor creadas por Dios. Funcionamos con más potencia cuando damos amor. El mundo nos ha llevado a creer que nuestro bienestar depende de que otros nos amen. Pero éste es el tipo de pensamiento al revés que tantos problemas nos ha causado. La verdad es que nuestro bienestar depende del amor que damos. No es lo que entra: ¡es lo que sale!

Alan Cohen

¡Te conozco, eres como yo!

Uno de nuestros mejores amigos es Stan Dale. Stan dirige un seminario sobre amor y relaciones llamado Sexo, Amor e Intimidad. Hace varios años, en un esfuerzo por saber cómo era con exactitud la gente en la Unión Soviética, viajó a ese país con veintinueve personas durante dos semanas. Cuando escribió sobre sus experiencias en su gacetilla, nos emocionó profundamente la siguiente anécdota.

Mientras caminaba por un parque en la ciudad industrial de Kharkov, vi a un viejo ruso, veterano de la Segunda Guerra Mundial. Son fáciles de identificar por las medallas y las cintas que todavía exhiben con orgullo en sus camisas y chaquetas. No se trata de un acto de egoísmo. Es la manera que tiene su país de honrar a los que ayudaron a salvar a Rusia a pesar de que los nazis hubieran matado a veinte millones de rusos. Me acerqué a este anciano que estaba sentado con su esposa y le dije: "*Droozhba, emir*" (amistad y paz). El hombre me miró incrédulo, tomó el botón que habíamos hecho para el viaje que decía "Amistad" en ruso, señaló el mapa de Estados Unidos y la U.R.S.S. sostenido por manos amorosas, y preguntó, "*¿Americanski?*" Respondí: "*Da, Americanski. Droozhba, emir*". Me estrechó ambas manos como si fuéramos hermanos perdidos durante mucho tiempo y repitió: "¡*Americanski*!" Esta vez había reconocimiento y amor en su exclamación.

En los siguientes minutos, él y su esposa hablaron en ruso como si yo entendiera todo y yo hablé en inglés como si supiera que entenderían. ¿Saben una cosa? Ninguno de nosotros captaba una palabra, pero era innegable que nos entendíamos a la perfección. Nos abrazábamos, reíamos y llorábamos, diciendo todo el tiempo: "*Droozhba*, *emir*, *Americanski*". "Los quiero mucho, me siento orgulloso de estar en su país, no queremos la guerra. ¡Los quiero mucho!"

Después de cinco minutos, nos despedimos y los siete de nuestro grupito nos alejamos. Más o menos después de un cuarto de hora, y de haber recorrido una distancia considerable, el mismo veterano nos alcanzó. Se me acercó, se quitó su medalla de la Orden de Lenín (probablemente su posesión más preciada) y me la puso en la solapa. Me besó en los labios y me dio uno de los abrazos más cálidos y cariñosos que he recibido en mi vida. Luego, los dos lloramos, nos miramos a los ojos largamente y dijimos: "*Dossvedanya*" (adiós).

Esta historia simboliza todo nuestro viaje de "diplomacia ciudadana" a la Unión Soviética. Todos los días conocíamos y tocábamos gente en todas las situaciones posibles e imposibles. Ni los rusos ni nosotros volveremos a ser los mismos. En este momento, hay cientos de chicos de las tres escuelas que visitamos que ya no están tan dispuestos a pensar que los norteamericanos quieren "atacarlos con armas nucleares". Bailamos, cantamos y jugamos con niños de todas las edades, y también nos abrazamos, besamos y compartimos regalos. Ellos nos dieron flores, tortas, botones, pinturas, muñecas y, lo más importante, sus corazones y sus mentes abiertas.

Más de una vez nos invitaron a participar en fiestas de casamiento, y ningún familiar podía haber sido mejor aceptado, saludado y agasajado que nosotros. Nos abrazábamos, besábamos, bailábamos y bebíamos champaña, schnapps y vodka con la novia y el novio, así como también con *Momma* y *Poppa* y el resto de la familia.

En Kursk, nos agasajaron siete familias rusas que organizaron una maravillosa noche con cena, bebidas y charla. Cuatro horas más tarde, ninguno de nosotros quería irse. Nuestro grupo tiene ahora una nueva familia completa en Rusia.

A la noche siguiente, invitamos a "nuestra familia" al hotel. La orquesta tocó casi hasta medianoche y adivinen que pasó. Una vez más, comimos, bebimos, hablamos, bailamos y lloramos cuando llegó el momento de despedirnos. Bailamos todas las danzas como si hubiéramos sido enamorados apasionados, lo que éramos en realidad.

Podría seguir contando experiencias indefinidamente y, sin embargo, de ninguna manera podría transmitir con exactitud cuáles eran nuestros sentimientos. ¿Cómo pudimos sentirnos al llegar al hotel en Moscú y descubrir que había un mensaje telefónico escrito en ruso del despacho de Mikhail Gorbachov diciendo que lamentaba no poder encontrarse con nosotros el fin de semana porque estaría fuera de la ciudad, pero que no obstante había arreglado que todo el grupo se reuniera durante dos horas en una mesa redonda con alrededor de media docena de miembros del Comité Central? Tuvimos una discusión abierta y franca sobre todos los temas, incluido el sexo.

¿Cómo se sentiría usted si más de una docena de señoras mayores, vestidas con *babushkas*, bajaran las escaleras de sus edificios de departamentos para abrazarlo y besarlo? ¿Cómo puede sentirse un grupo si las guías, Tanya y Natasha, le dicen que nunca han visto gente así? Y cuando nos fuimos, los treinta lloramos porque nos habíamos enamorado de esas fabulosas mujeres y ellas de nosotros. Sí, ¿cómo se sentiría usted? Con seguridad, como nosotros.

Obviamente, cada uno tuvo sus propias sensaciones, pero la experiencia colectiva confirma una cosa: la única forma en que podemos asegurar la paz en este planeta es adoptando a todo el mundo como "nuestra familia".

Vamos a tener que abrazar y besar a todos. Y bailar y jugar con todos. Y vamos a tener que sentarnos y hablar y caminar y llorar con todos. Porque al hacerlo, podremos ver que, en verdad, todos somos bellos y todos nos complementamos de maravillas y solos nos empobreceríamos. Entonces, la frase "¡Te conozco, eres como yo!" adquirirá un megasignificado: "Ésta es mi familia, y estaremos junto a ella pase lo que pasare".

Stan Dale

La necesidad más agradable

Una vez al día, por lo menos, nuestro viejo gato negro se acerca a alguno de nosotros de alguna manera que todos entendemos como un pedido especial. No significa que quiera que lo alimenten o que lo dejen salir, o algo así. Su necesidad es de otra índole.

Si hay un regazo a mano, salta y se instala en él; si no, es muy probable que se quede parado, con mirada añorante, hasta que alguien le ofrece uno. Una vez allí, empieza a vibrar casi antes de que uno le toque el lomo, le acaricie el hocico y le diga una y otra vez qué lindo gatito es. Entonces, su motor se pone en marcha; se retuerce para ponerse cómodo, "agranda las manos". Cada tanto, uno de sus ronroneos se descontrola y se convierte en ronquido. Lo mira a uno con los ojos abiertos de adoración y hace ese parpadeo lento y largo de confianza absoluta que tienen los gatos.

Después de un rato, poco a poco, se serena. Si siente que todo está bien, es posible que se acurruque en el regazo para hacer una apacible siesta. Pero también es probable que salte y desaparezca para ocuparse de sus cosas. Sea como fuere, él está bien.

Nuestra hija lo dice de una manera muy simple: "Blackie necesita que lo mimen".

En casa, no es el único que tiene esa necesidad: yo la comparto, igual que mi mujer. Sabemos que la necesidad no es exclusiva de ningún grupo de edad. No obstante, como además de padre, soy docente, lo asocio en especial a los jóvenes, con su necesidad rápida e impulsiva de un abrazo, una palmada calurosa, una mano tendida, una manta arrebujada, no porque pase algo malo, no porque sea necesario hacer algo, sólo porque son así.

Hay muchísimas cosas que me gustaría hacer por todos los niños. Si pudiera hacer sólo una, sería ésta: garantizar a cada niño, en todas partes, por lo menos unos buenos mimos cada día.

Los chicos, como los gatos, necesitan un tiempo de mimos.

Fred T. Wilhelms

Bopsy

La madre, de veintiséis años, miró a su hijo que moría de leucemia terminal. Pese a que su corazón estaba lleno de tristeza, también tenía un fuerte sentimiento de determinación. Como cualquier ser humano, quería que su hijo creciera y realizara todos sus sueños. Ahora eso ya no era posible. La leucemia se encargaría. Pero de todos modos quería que los sueños de su hijo se cumplieran.

Tomó la mano del pequeño y le preguntó: —Bopsy, ¿alguna vez pensaste qué querías ser cuando fueras grande? ¿Tuviste algún sueño o algún deseo en cuanto a lo que harías con tu vida?

—Mamá, siempre quise ser bombero cuando fuera grande.

La madre sonrió y dijo: —Vamos a ver si podemos hacer realidad tu sueño. Ese mismo día, fue al Departamento de Bomberos en Phoenix, Arizona, donde conoció al bombero Bob, que tenía un corazón inmenso. Le explicó el último deseo de su hijo y le preguntó si era posible que su hijo diera una vuelta a la manzana en un camión de bomberos.

—Mire, podemos hacer algo mejor —dijo Bob—. Si tiene a su hijo listo para las siete, el miércoles a la mañana, lo haremos bombero honorario para todo el día. Puede venir al cuartel, comer con nosotros, acudir a todos los llamados de incendio, ¡el programa completo!

Y, si nos da sus medidas, podemos conseguir un uniforme de verdad hecho para él, con un casco de verdad, no de juguete, con el emblema del Departamento de Bomberos de Phoenix, un gabán amarillo como el que usamos nosotros y botas de goma. Todo se fabrica en Phoenix o sea que podemos conseguirlo rápido.

Tres días más tarde, el bombero Bob recogió a Bopsy, le puso su uniforme para incendios y lo escoltó desde su cama de hospital hasta el camión con escalera. Bopsy logró sentarse en la parte trasera del camión y ayudó a conducirlo de vuelta al cuartel. Estaba en el cielo.

Ese día, hubo en Phoenix tres llamadas de auxilio y Bopsy tuvo que salir en las tres. Anduvo en los distintos vehículos para incendios, la camioneta con los paramédicos y hasta el auto del jefe de bomberos. También lo filmaron para el noticiero local.

Ver su sueño hecho realidad, con todo el amor y la atención que le prodigaron, afectó tan profundamente a Bopsy que vivió tres meses más de lo que los médicos consideraban posible.

Una noche, todos sus signos vitales acusaron una marcada disminución y la enfermera caba, que creía en el concepto hospitalario de que nadie debe morir solo, empezó a llamar a los miembros de la familia. Recordó entonces el día que Bopsy había pasado como bombero, llamó al jefe de bomberos y le preguntó si era posible que enviara un bombero en uniforme al hospital para estar con Bopsy mientras éste hacía su transición. El jefe respondió: "Podemos hacer más que eso. Estaremos ahí en cinco minutos. ¿Podría hacerme un favor? Cuando oiga sonar las sirenas y vea titilar las luces, ¿quiere anunciar por el sistema de altoparlantes que no hay un incendio? Es simplemente que el Departamento de Bomberos va a ver a uno de sus mejores miembros una vez más. ¿Y puede abrir la ventana de su habitación? Gracias".

Unos cinco minutos más tarde llegó al hospital el camión de bomberos, extendió su escalera hasta la ventana de Bopsy en el tercer piso y dos mujeres bomberos subieron hasta su cuarto. Con el permiso de la madre, lo abrazaron, lo sostuvieron y le dijeron lo mucho que lo querían.

Con su último aliento, Bopsy miró al jefe de bomberos y dijo: —Jefe, ¿ya soy de veras un bombero?

—Sí, Bopsy —dijo el jefe.

Con esas palabras, Bopsy sonrió y cerró los ojos por última vez.

Jack Canfield y Mark V. Hansen

CONFIANZA
50cts.
Tom Wilson

Cachorros en venta

El dueño de un negocio estaba clavando un cartel sobre la puerta que decía: "Cachorros en venta". Carteles como ése atraen a los niños pequeños y, como era de esperar, pronto apareció un chiquito.

—¿A cuánto va a vender los cachorros? —preguntó.

El dueño del negocio respondió:

—Más o menos entre treinta y cincuenta dólares.

El chiquito buscó en el bolsillo y sacó un poco de cambio. —Yo tengo 2,37 dólares —dijo—. ¿Podría verlos?

El dueño del negocio sonrió, silbó y de la cucha salió Lady, que corrió por el corredor del negocio seguida por cinco pelotitas peludas. Un cachorrito quedó bastante rezagado. De inmediato, el chiquito distinguió que el cachorrito rengueaba y preguntó:

—¿Qué le pasa a ese perrito?

El dueño del negocio le explicó que el veterinario había examinado al cachorrito y había descubierto que tenía mal una articulación de la cadera. Siempre renguearía. Siempre sería rengo. El niñito se entusiasmó.

—Ése es el cachorrito que quiero comprar.

—No, tú no quieres comprar ese perrito. Si realmente lo quieres, te lo daré —dijo el dueño del negocio.

El chiquito se enojó. Miró fijo al hombre y, señalándolo con el dedo, dijo:

—No quiero que me lo dé. Ese perrito vale tanto como los otros cachorros y le pagaré el precio total. Mire, le daré los 2,37 ahora y 50 centavos por mes hasta terminar de pagarlo.

El dueño del negocio lo contradijo: —En realidad, tú no quieres comprar este perrito. Nunca va a poder correr y jugar contigo como los demás cachorritos.

Al oír esto, el chiquito se agachó y se levantó el pantalón para revelar una pierna izquierda torcida e inválida apoyada en un aparato metálico. Miró al dueño del negocio y suavemente respondió: —Bueno, ¡yo tampoco corro muy bien, y el cachorrito va a necesitar a alguien que lo entienda!

Dan Clark
Resistiendo a la tormenta

2

APRENDER A AMARSE A UNO MISMO

Oliver Wendell Holmes asistió en una oportunidad a una reunión en la que era el hombre más petiso.

—Dr. Holmes —le dijo un conocido con sarcasmo— supongo que ha de sentirse bastante pequeño entre nosotros que somos tipos grandes.

—Sí —replicó Holmes—. Me siento como un frasquito de extracto entre muchas botellas de agua de colonia.

El Buda de Oro

Y ahora, éste es mi secreto, un secreto muy simple; sólo se ve bien con el corazón, lo esencial es invisible a los ojos.

Antoine de Saint-Exupéry

En el otoño de 1988, mi mujer Georgia y yo fuimos invitados a exponer sobre la autoestima y el máximo rendimiento en Hong Kong. Como nunca habíamos estado en el Lejano Oriente, decidimos extender nuestro viaje y visitar Tailandia.

Al llegar a Bangkok, optamos por tomar un tour para ver los templos budistas más famosos de la ciudad. Junto con nuestro intérprete y el conductor, Georgia y yo visitamos ese día muchos templos budistas, pero después de un tiempo empezaron a borrarse de nuestras memorias.

No obstante, hubo un templo que dejó una impresión indeleble en nuestros corazones y en nuestras mentes. Es el templo llamado del Buda de Oro. El templo en sí es muy pequeño, tal vez no mayor de nueve metros por nueve. Pero al entrar, nos sorprendió la presencia de un buda de tres metros de alto de oro macizo. Pesa más de dos toneladas y media ¡y está valuado en unos ciento noventa y seis millones de dólares! Es un espectáculo extraño ese buda de oro macizo de aspecto agradable y a la vez imponente que nos sonreía.

Mientras nos dedicábamos a las tareas normales del turismo (sacar fotos y lanzar expresiones de admiración sobre la estatua), caminé hasta una caja de vidrio que contenía un pedazo grande de arcilla de unos dieciocho centímetros de espesor por treinta de ancho. Junto a la vitrina había una hoja escrita a máquina que narraba la historia de la magnífica estatua.

En 1957, un grupo de monjes de un monasterio tuvo que reubicar un gran buda de arcilla de su templo en otro lugar. El monasterio sería trasladado para que se llevara a cabo el proyecto de una autopista a través de Bangkok. Cuando la grúa empezó a levantar el ídolo gigante, el peso era tan tremendo que empezó a rajarse. Para colmo, comenzó a llover. El monje director, preocupado por el posible daño a la imagen sagrada, decidió volver a poner la estatua en el suelo y cubrirla con una lona grande para protegerla de la lluvia.

Esa misma noche, el monje director fue a ver al buda. Iluminó con su linterna debajo de la lona para verificar si estaba seco. Al llegar a la rajadura, notó un ligero destello y le pareció extraño. Miró más detenidamente ese reflejo de luz preguntándose si no habría algo debajo de la arcilla. Fue a buscar un formón y un martillo al monasterio y empezó a quitarla. A medida que hacía saltar pedazos de arcilla, el pequeño destello se hacía cada vez más grande. Pasaron varias horas de trabajo, hasta que el monje quedó cara a cara con el extraordinario buda de oro macizo.

Los historiadores creen que varios cientos de años antes del descubrimiento del monje director, el ejército de Burma estaba por invadir Tailandia (por entonces llamada Siam). Los monjes siameses, al darse cuenta de que su país sería atacado, cubrieron su precioso Buda de Oro con una cubierta exterior de arcilla para evitar que su tesoro fuera robado por los burmeses. Por desgracia, parece ser que éstos asesinaron a todos los monjes siameses, y el secreto bien guardado del Buda de Oro permaneció intacto hasta ese día en 1957.

Cuando regresábamos en avión por Cathay Pacific Airlines empecé a pensar: "Todos somos como el buda de arcilla cubierto con una capa de dureza creada por el miedo y, sin embargo, debajo de cada uno de nosotros hay un buda de oro, un cristo de oro o una esencia de oro que es nuestro yo verdadero. En algún momento, entre los dos y los nueve años de edad, empezamos a cubrir nuestra esencia de oro, nuestro yo natural. Como el monje con el martillo y el formón, nuestra tarea ahora es descubrir otra vez nuestra verdadera esencia".

Jack Canfield

Empieza por ti

Las siguientes palabras fueron escritas en la tumba de un obispo anglicano (1100 D.C.) en las criptas de la Abadía de Westminster:

> Cuando era joven y libre y mi imaginación no tenía límites, soñaba con cambiar el mundo. Al volverme más viejo y más sabio, descubrí que el mundo no cambiaría, entonces, acorté un poco mis objetivos y decidí cambiar sólo mi país.
>
> Pero también él parecía inamovible.
>
> Al ingresar en mis años de ocaso, en un último intento desesperado, me propuse cambiar sólo a mi familia, a mis allegados, pero, por desgracia, no me quedaba ninguno.
>
> Y ahora que estoy en mi lecho de muerte, de pronto me doy cuenta: *Si me hubiera cambiado primero a mí mismo*, con el ejemplo habría cambiado a mi familia.
>
> A partir de su inspiración y estímulo, podría haber hecho un bien a mi país y, quién sabe, tal vez incluso habría cambiado el mundo.

Anónimo

¡Nada más que la verdad!

David Casstevens del *Dallas Morning News* cuenta una historia sobre Frank Szymanski, un jugador central del equipo de Notre Dame en los años cuarenta, que había sido llamado como testigo para un juicio civil en South Bend.

—¿Está usted en el equipo de fútbol norteamericano de Notre Dame este año? —preguntó el juez.

—Sí, Su Señoría.

—¿En qué posición?.

—Centro, Su Señoría.

—¿Cuán bueno es como centro?.

Szymanski se agitó en su asiento, pero dijo con firmeza:

—Señor, soy el mejor jugador de centro que ha tenido Notre Dame.

El entrenador Frank Leahy, que estaba en la sala, se sorprendió. Szymanski siempre había sido modesto y retraído. De modo que una vez terminada la audiencia, llevó aparte a Szymanski y le preguntó por qué había hecho esa afirmación. Szymanski se ruborizó.

—Odié hacerlo, entrenador —dijo—. Pero, después de todo, ¡estaba bajo juramento!

Cubrir todas las bases

Oyeron a un chiquito que hablaba solo mientras caminaba en su patio, con la gorra de béisbol puesta y cargando con la pelota y el bate. "Soy el mejor jugador de béisbol del mundo", dijo con orgullo. Después arrojó la bola al aire, trató de golpearla y falló. Sin darse por vencido, recogió la pelota, la arrojó al aire y se dijo: "¡Soy el mejor jugador que ha habido hasta ahora!" Volvió a balancear la pelota y nuevamente falló. Hizo un alto por un momento para examinar con atención el bate y la pelota. Luego, una vez más arrojó la bola al aire y dijo: "Soy el mejor jugador de béisbol que ha vivido hasta ahora". Balanceó el bate con fuerza y nuevamente erró la pelota.

"¡Uauh!", exclamó. "¡Qué lanzador!"

Fuente desconocida

Un niño pequeño estaba haciendo un dibujo y el maestro le dijo:
"Ese dibujo es muy interesante. Háblame de él."
"Es una imagen de Dios."
"Pero nadie sabe cómo es Dios."
"Lo sabrán cuando lo termine."

Mi declaración de autoestima

Lo que soy bastaría si lo fuera abiertamente.
Carl Rogers

Esto fue escrito en respuesta a la pregunta de una chica de quince años: "¿Cómo puedo prepararme para una vida plena?"

Yo soy yo.

En todo el mundo, no hay nadie exactamente igual a mí. Hay personas que tienen algo parecido a mí pero nadie es igual. Por lo tanto, todo lo que sale de mí es auténticamente mío porque yo sola lo elijo.

Soy dueña de todo lo mío; mi cuerpo, incluido todo lo que hace; mi mente, incluidos mis pensamientos e ideas; mis ojos, incluidas las imágenes de todo lo que perciben; mis sentimientos, sean cuales fueren, rabia, alegría, frustración, amor, decepción, excitación; mi boca y todas las palabras que salen de ella, corteses, dulces o duras, correctas o incorrectas; mi voz, fuerte o suave; y todas mis acciones, se dirijan a otros o a mí misma.

Soy dueña de mis fantasías, de mis sueños, mis esperanzas, mis miedos.

Soy dueña de todos mis éxitos y triunfos, de todos mis errores y fracasos.

Como soy dueña de toda mi persona, puedo conocerme íntimamente. Al hacerlo, puedo amarme y querer todas mis partes. Entonces, puedo hacer que todo en mí trabaje para mi bien.

Sé que hay aspectos míos que me confunden, y otros aspectos que no conozco. Pero si soy cariñosa y buena conmigo, puedo buscar con valentía y esperanza soluciones a los enigmas y formas de saber más sobre mí.

Independientemente de cómo luzca y parezca, diga y haga lo que sea, y piense y sienta lo que sea en determinado momento, siempre soy yo. Esto es auténtico y representa dónde estoy en ese momento del tiempo.

Cuando miro hacia atrás y analizo cómo llegué a lucir y parecer, qué dije e hice y cómo pensé y sentí, algunas partes pueden resultar inadecuadas. Puedo descartar lo inadecuado, conservar lo que resultó adecuado e inventar algo nuevo en lugar de lo que descarté.

Puedo ver, oír, sentir, pensar, decir y hacer. Tengo las herramientas para sobrevivir, para estar cerca de los otros, para ser productiva, para poner orden y armonía en el mundo, en la gente y en las cosas que están fuera de mí.

Soy dueña de mí misma y por lo tanto puedo manejarme.

Soy yo y estoy bien.

Virginia Satir

La mendiga

Dormía en la Oficina de Correos. Yo la olfateaba antes de dar el rodeo delante de la entrada donde ella dormía, parada, junto a los teléfonos públicos. Olía la orina que se filtraba a través de las capas de su ropa sucia y la putrefacción de su boca casi desdentada. Si no dormía, farfullaba incoherencias.

Ahora, cierran la oficina de correos a las seis para dejar afuera a los sin techo, de modo que se acurruca en la vereda y habla sola, abriendo la boca como si la tuviera desencajada y la suave brisa disminuye sus olores.

Un día de Acción de Gracias había sobrado mucha comida, la envolví, me disculpé con los demás y fui hasta la Calle Quinta, donde se encuentra la Oficina de Correos.

Era una noche helada. Las hojas se arremolinaban en las calles, en las que no había casi nadie afuera, excepto los más infortunados que buscaban alguna casa o refugio cálido. Pero sabía que la encontraría.

Estaba vestida como siempre, aun en verano: con las capas calientes de lana que ocultaban su cuerpo viejo y vencido. Sus manos sostenían con fuerza el valioso carrito de compras. Estaba apoyada contra un cerco de alambre del campo de juego que está junto al Correo. "¿Por qué no elegirá algún lugar más protegido del viento?" pensé, y supuse que estaba tan loca que carecía de la lógica de acurrucarse en un portal.

Acerqué mi auto brillante al cordón, bajé la ventanilla y dije, “Madre, quiere...” y me quedé helado con la palabra... “Madre.” Pero ella lo era... lo es... de una manera que no llego a captar.

Dije otra vez: “Madre, le traje comida. ¿Quiere un poco de pavo relleno y pastel de manzana?”

Al oír esto, la anciana me miró y dijo con toda claridad, pese a los dos dientes flojos que se movían mientras hablaba: “Oh, muchas gracias, pero ahora estoy satisfecha. ¿Por qué no se lo lleva a alguien que realmente lo necesite?” Sus palabras eran claras, sus modales graciosos. Entonces, me despidió: su cabeza volvió a hundirse entre los harapos.

Bobbie Probstein

Las reglas para ser humano

1. **Recibirás un cuerpo.**
   Puede gustarte o no, pero será tuyo durante todo el tiempo que estés aquí.
2. **Aprenderás lecciones.**
   Estás inscripto en una escuela informal de tiempo completo llamada vida. En esta escuela cada día tendrás la oportunidad de aprender clases. Es posible que las lecciones te gusten o que te parezcan irrelevantes y estúpidas.
3. **No hay errores, sólo lecciones.**
   El crecimiento es un proceso de prueba y error: es una experimentación. Los experimentos fallidos forman parte del proceso en igual medida que el experimento que funciona bien.
4. **Una lección se repite hasta aprenderla.**
   Una lección se presentará de varias maneras hasta que la aprendas. Una vez que la hayas aprendido, puedes pasar a la siguiente.
5. **Las lecciones no tienen fin.**
   No hay nada en la vida que no contenga sus lecciones. Si estás vivo, siempre tendrás algo para aprender.
6. **"Allí" no es mejor que "aquí".**
   Cuando tu "allí" se convierte en un "aquí", simplemente tendrás otro "allí" que de nuevo parecerá mejor.

7. **Los otros no son más que tus espejos.**
   No puedes amar u odiar algo en otra persona a menos que refleje algo que amas u odias en ti mismo.
8. **Lo que haces de tu vida depende de ti.**
   Tienes todas las herramientas y los recursos que necesitas. Lo que hagas con ellos depende de ti. La decisión es tuya.
9. **Tus respuestas están dentro de ti.**
   Las respuestas a los interrogantes de la Vida están en tu interior. Todo lo que debes hacer es mirar, escuchar y confiar.
10. **Olvidarás todo esto.**
11. **Siempre que quieras, puedes recordarlo.**

Anónimo

3

A PROPÓSITO DE LA PATERNIDAD

Quizás el mayor servicio social que una persona puede prestar al país y a la humanidad es criar una familia.

George Bernard Shaw

Los chicos aprenden lo que viven

Si los chicos viven con la crítica,
aprenden a condenar.

Si los chicos viven con hostilidad,
aprenden a pelear.

Si los chicos viven con miedo,
aprenden a ser aprensivos.

Si los chicos viven con lástima,
aprenden a compadecerse a sí mismos.

Si los chicos viven con la ridiculez,
aprenden a ser tímidos.

Si los chicos viven con celos,
aprenden qué es la envidia.

Si los chicos viven con vergüenza,
aprenden a sentirse culpables.

Si los chicos viven con tolerancia,
aprenden a ser pacientes.

Si los chicos viven con estímulo,
aprenden a ser confiados.

Si los chicos viven con elogios,
aprenden a apreciar.

Si los chicos viven con aprobación,
aprenden a quererse a sí mismos.

Si los chicos viven con aceptación,
aprenden a encontrar amor en el mundo.

Si los chicos viven con reconocimiento,
aprenden a tener un objetivo.

Si los chicos viven compartiendo,
aprenden a ser generosos.

Si los chicos viven con honestidad y equidad,
aprenden qué es la verdad y la justicia.

Si los chicos viven con seguridad,
aprenden a tener fe en sí mismos
y en quienes los rodean.

Si los chicos viven en la amistad,
aprenden que el mundo es un
bello lugar para vivir.

Si los chicos viven con serenidad,
aprenden a tener paz espiritual.

¿Con qué están viviendo sus hijos?

Dorothy L. Nolte

Por qué elegí a mi padre como papá

Crecí en una lindísima estancia en Iowa, criado por padres que a menudo se describen como la "sal de la tierra y la columna vertebral de la comunidad". Tenían todas las cualidades de los buenos padres: cariñosos, comprometidos con la tarea de criar a sus hijos con muchas expectativas y un sentido positivo de autoestima. De nosotros, esperaban que hiciéramos tareas a la mañana y a la noche, que llegáramos al colegio a tiempo, que nos sacáramos buenas notas y fuéramos buenas personas.

Tuvieron seis hijos. ¡Seis hijos! No fue idea mía que fuéramos tantos, pero nadie me consultó. Para colmo de males, el destino me tiró en el corazón de los Estados Unidos, en un clima desapacible y frío. Como todos los chicos, pensé que había habido un gran error universal y que había caído en la familia equivocada, y con mayor razón en el lugar equivocado. No me gustaba enfrentar los elementos. Los inviernos en Iowa son tan fríos que hay que hacer rondas en mitad de la noche para verificar que los animales no estén varados en un lugar en que puedan congelarse. A los animales recién nacidos había que llevarlos al establo y a veces darles calor para que siguieran vivos. ¡Así de fríos son los inviernos en Iowa!

Papá, un hombre increíblemente apuesto, fuerte, carismático y lleno de energía estaba siempre en movimiento. Mis hermanos y yo lo admirábamos y respetábamos. Lo venerábamos y lo teníamos en alta estima. Ahora entiendo por qué. En su vida no había incoherencias. Era un hombre honorable, de principios. La producción agropecuaria, el trabajo que había elegido, era su pasión; lo consideraba el mejor. Estaba en casa criando y cuidando a los animales. Se sentía aunado con la tierra y tenía orgullo de plantar y cosechar los granos. Se negaba a cazar fuera de temporada, pese a que cerca de casa vagabundeaban muchos ciervos, faisanes, codornices y otras especies. Se negaba a usar aditivos para el suelo y a dar a los animales alimentos que no fueran granos naturales. Nos enseñó por qué lo hacía y por qué debemos defender los mismos ideales. Ahora veo lo consciente que era porque esto fue a mediados de los 50, antes de que surgiera la idea de un compromiso universal con la preservación del medio ambiente en toda la tierra.

Papá también era un hombre muy impaciente, pero no en mitad de la noche cuando controlaba a sus animales durante sus rondas nocturnas. La relación que desarrollamos juntos desde esa época fue sencillamente inolvidable. Significó muchísimo en mi vida. Aprendí tanto sobre él. Muchas veces oigo decir a hombres y mujeres que pasaron poquísimo tiempo con sus padres. De hecho, el núcleo de muchos grupos de hombres en la actualidad es la búsqueda a tientas de un padre que en realidad nunca conocieron. Yo conocí al mío.

En aquel momento sentía que, secretamente, era su hija favorita, aunque es posible que los seis pensáramos lo mismo. Ahora bien, eso era bueno y era malo. Lo bueno era que papá me elegía a mí sola para acompañarlo a estas verificaciones nocturnas y matinales en el granero y yo odiaba de veras levantarme y dejar la cama para salir al aire helado. Pero en esos momentos, papá estaba encantado y se mostraba de lo más cariñoso. Era muy comprensivo, paciente, amable y sabía escuchar. Su voz era agradable y su sonrisa me hacía comprender la pasión de mi madre por él.

En esos tiempos fue un maestro modelo. Siempre se concentraba en los motivos, en las razones para hacer algo. Hablaba sin cesar durante la hora u hora y media que nos llevaba hacer las rondas. Hablaba de sus experiencias en la guerra, los por qué de la guerra en la que había participado y sobre la región, su gente, los efectos de la guerra y sus secuelas. Contaba sus relatos una y otra vez. En el colegio, historia me parecía la materia más excitante y familiar.

Hablaba de lo que había ganado en sus viajes y de lo importante que es ver el mundo. Me inculcó la necesidad de viajar y el amor por los viajes. Cuando cumplí los treinta años, ya había conocido alrededor de treinta países, en algunos de los cuales había trabajado.

Hablaba de la necesidad y el gusto de aprender y de por qué es importante una educación formal, y explicaba la diferencia entre inteligencia y sabiduría. Quería a toda costa que siguiera estudiando después del secundario. "Tú puedes hacerlo —decía una y otra vez—. Eres una Burres." Era imposible que lo decepcionara. Me sentía con suficiente confianza como para emprender cualquier estudio. Hice un doctorado y más tarde un segundo. Si bien el primero fue para papá y el segundo para mí, ambos me resultaron fáciles de lograr gracias a un sentido de curiosidad y de búsqueda.

Él hablaba de exigencias y valores, de desarrollar el carácter y lo que eso significa en la evolución de la vida. Yo escribo y enseño sobre un tema similar. Hablaba de cómo tomar y evaluar las decisiones, de cuándo admitir que uno perdió y retirarse y cuándo mantenerse firme, aun frente a la adversidad. Hablaba del concepto de ser y devenir y no sólo de tener y conseguir. Todavía uso su frase, "Nunca vendas tu corazón", decía. Hablaba de los instintos viscerales y de cómo dilucidar entre ellos y las trampas emocionales, y de cómo evitar ser engañado por los demás. Decía: "Presta siempre atención a tus intuiciones y ten presente que todas las respuestas que necesites están dentro de ti. Tómate tiempo para estar tranquila. Serénate lo suficiente como para encontrar las respuestas dentro de ti y luego escúchalas. Encuentra algo que te guste hacer y luego vive una vida que lo muestre. Tus metas deben surgir de tus valores, y tu trabajo irradiará el deseo de tu corazón. Esto te mantendrá apartada de distracciones tontas que sólo te servirán para perder el tiempo: tu vida es tu tiempo; lo que puedes crecer en los años que te sean dados, sean los que fueren. Preocúpate por la gente —decía— y respeta siempre a la madre tierra. Independientemente del lugar en que vivas, asegúrate de tener una vista con árboles, cielo y tierra."

Mi padre. Cuando pienso cuánto amó y valoró a sus hijos, siento mucha pena por los jóvenes que no conocen a sus padres de esta forma o no sienten la fuerza del carácter, la ética, el impulso y la sensibilidad en una sola persona, como yo la sentí en el mío. Papá era el modelo de lo que decía. Y siempre supe que me hablaba en serio. Sabía que me consideraba valioso y quería que yo viera ese valor.

El mensaje de papá me resultaba lógico porque nunca vi conflicto alguno en la forma en que vivía su vida. Había reflexionado sobre ello y lo vivía diariamente. Con el tiempo compró y pagó varias propiedades (es tan activo ahora como cuando tenía diez años). Se casó y amó a la misma mujer toda su vida. Mi madre y él, que ahora llevan casi cincuenta años de casados, siguen siendo dos enamorados inseparables. Son los amantes más grandes que he conocido. Y él amó mucho a su familia. Yo creía que era excesivamente posesivo y protector de sus hijos, pero ahora que soy madre, entiendo esas necesidades y las veo en su real dimensión. Si bien pensaba que podía preservarnos del sarampión y casi lo logró, se negaba con vehemencia a que nos abandonáramos a vicios destructivos. Ahora veo también lo determinado que estaba a que fuéramos adultos afectuosos y responsables.

En este momento, cinco de sus hijos viven a pocos kilómetros de él y llevan una versión parecida de su estilo de vida. Son padres y esposos abnegados y el trabajo que eligieron es la agricultura. Son, sin la menor duda, la columna vertebral de su comunidad. Hay un hecho curioso en todo esto, y sospecho que tuvo que ver con las rondas nocturnas que hacíamos juntos. Yo no tomé el mismo rumbo que los otros cinco hijos. Empecé una carrera en educación, como consultora y docente universitaria, y terminé escribiendo varios libros dedicados a padres e hijos para compartir lo que había aprendido respecto de la importancia de desarrollar la autoestima en los años de la infancia. Aunque con algunas modificaciones, los mensajes que le doy a mi hija, son los valores que aprendí de mi padre, combinados, por supuesto, con mis experiencias de vida. Siguen transmitiéndose.

Debería decirles algo sobre mi hija. Es una chica excepcional, una bellísima atleta de 1,77 m que sobresale cada año en tres deportes, se saca las mejores notas y acaba de salir finalista en el concurso de Miss California en la categoría adolescentes. Pero no son sus dones y logros exteriores los que me recuerdan a mis padres. La gente siempre me dice que mi hija tiene una gran calidez, espiritualidad, un fuego interior especial que irradia hacia el exterior. La esencia de mis padres está personificada en su nieta.

Las recompensas por su abnegación y por amar a sus hijos tuvieron asimismo un efecto enriquecedor en las propias vidas de mis padres. Mientras escribo esto, mi padre está en la clínica Mayo de Rochester, Minnesota, haciéndose una batería de análisis que llevarán como mínimo entre seis y ocho días. Estamos en diciembre. Como el invierno es muy duro, tomó una habitación en un hotel cerca de la clínica (es paciente externo). Debido a sus obligaciones en casa, mi madre pudo quedarse con él sólo los primeros días. De modo que pasaban Nochebuena separados.

Esa noche llamé primero a papá en Rochester para desearle feliz Navidad. Lo oí deprimido y abatido. Entonces, llamé a mi madre en Iowa. Estaba triste y taciturna. "Es la primera vez que tu padre y yo pasamos las fiestas separados —se lamentó—. No es una verdadera Navidad sin él."

Yo tenía catorce invitados para cenar, todos dispuestos a pasar una noche de fiesta. Volví a cocinar, pero no podía sacarme de la cabeza el dilema de mis padres y entonces llamé a mi hermana mayor. Ella se comunicó con mis hermanos. Hicimos una cumbre telefónica. Quedó todo arreglado. Convencidos de que nuestros padres no podían estar separados en Nochebuena, mi hermano menor manejaría las dos horas hasta Rochester para recoger a mi padre y llevarlo a casa sin decirle nada a mamá. Llamé a papá y le conté los planes que teníamos. "Oh, no —dijo—, es muy peligroso venir hasta acá en una noche como ésta." Mi hermano llegó a Rochester y golpeó la puerta de la habitación del hotel. Después me llamó para decirme que papá no quería ir. "Tienes que convencerlo, Bobbie. Solamente a ti te hará caso."

"Ve, papá" dije suavemente cuando lo llamé.

Lo hizo. Tim y papá partieron para Iowa. Nosotros seguimos las alternativas del viaje y el tiempo hablando con ellos por el teléfono del auto de mi hermano. Para entonces, todos mis invitados habían llegado y éramos todos parte de esa aventura. Cada vez que sonaba el teléfono, poníamos el micrófono para escuchar las últimas noticias. Eran más de las nueve de la noche cuando sonó el teléfono, era papá desde el auto que le decía a mi hermano; "Bobbie, ¿cómo voy a ir a casa sin un regalo para tu mamá? ¡Sería la primera vez en casi cincuenta años que no le compro su perfume de Navidad!" A esa altura, toda la gente que estaba en casa participaba del plan. Llamamos a mi hermana para que averiguara los nombres de los centros comerciales cercanos que estaban abiertos para que papá pudiera comprar el único regalo que consideraría apto para mamá, la misma marca de perfume que le regalaba cada año para las fiestas.

Pocos minutos antes de las diez de esa noche, mi hermano y papá abandonaron el pequeño shopping en Minnesota rumbo a casa. A las 11:50 ingresaron en el campo. Mi padre, comportándose como un chico de escuela, se escabulló hacia un costado de la casa y se ocultó.

—Mamá, fui a ver a papá hoy y me dijo que te trajera la ropa, dijo mi hermano y le entregó los bolsos a mamá.

—Oh —dijo ella bajito y con tristeza—, lo extraño tanto, que me pondría a lavar esto ahora.

Entonces, mi padre dijo, saliendo de su escondite: —No tendrás tiempo de hacerlo esta noche.

Mi hermano llamó para contarme esta escena conmovedora entre nuestros padres, estos dos amigos y amantes y más tarde llamé yo a mamá. —¡Feliz Navidad, mamá!

—Oh, ustedes, chicos... —dijo con la voz entrecortada por las lágrimas. No pudo seguir. Mis invitados aplaudían.

Pese a estar a tres mil kilómetros de ellos, fue una de las Navidades más especiales que compartí con mis padres. Y, por supuesto, hasta ahora, mis padres nunca han estado separados en Nochebuena. Ésa es la fuerza de hijos que aman y honran a sus padres y, naturalmente, el matrimonio comprometido y maravilloso que ellos comparten.

"Los buenos padres —me dijo en una oportunidad Jonas Salk— dan a sus hijos raíces y alas. Raíces para saber dónde está su casa, alas para volar y poner en práctica lo que les enseñaron." Si adquirir la capacidad de llevar adelante la propia vida con sentido y tener un nido seguro y ser siempre bien acogido es el legado de los padres, creo que elegí bien a mis padres. En esta última Navidad, comprendí como nunca por qué era necesario que estas dos personas fueran mis padres. Si bien las alas me han llevado por todo el mundo, para establecer finalmente mi hogar en la espléndida California, las raíces que me dieron mis padres serán para siempre un fundamento indeleble.

Bettie B. Youngs

La escuela de los animales

Había una vez unos animales que decidieron hacer algo heroico para responder a los problemas de "un mundo nuevo". Entonces organizaron una escuela.

Adoptaron un programa de actividades que consistía en correr, trepar, nadar y volar. Para que todo resultara más fácil manejar, todos los animales cursaban todas las materias.

El pato era excelente nadando, en realidad mucho mejor que su instructor, pero apenas se sacaba aprobado en volar y era muy malo en las carreras. Como era lento para correr, tenía que quedarse después de clase y también dejar de nadar para hacer prácticas de carrera. Esto siguió así hasta que sus patas palmeadas se arruinaron y apenas aprobaba en natación. Pero aprobar era aceptable en la escuela, de modo que nadie se preocupaba, excepto el pato.

Corriendo el conejo empezó al frente de la clase, pero tuvo un colpaso nervioso debido al intenso trabajo de entrenamiento para natación.

La ardilla era excelente trepando hasta que se frustró en la clase de vuelo donde su maestro la hizo arrancar desde el suelo, en lugar de hacerlo desde la copa del árbol. Así es que tuvo un calambre por exceso de ejercicio y se sacó muy malas notas en trepar y correr.

El águila era problemática y la disciplinaron severamente. Cuando se trataba de trepar a los árboles, les ganaba a todos los compañeros de la clase, pero insistía en usar su propia forma de llegar.

Al final del año, una lechuza anormal, que podía nadar asombrosamente bien, y también corría, trepaba y volaba un poco, tuvo el promedio más alto y pronunció el discurso de despedida.

Las marmotas de las praderas se quedaron fuera de la escuela y se opusieron a la recaudación fiscal porque el gobierno no quería agregar al programa cavar y esconderse. Pusieron a sus hijos a aprender con un tejón y más tarde se unieron las marmotas americanas y las tortugas de tierra para iniciar una buena escuela privada.

¿Tiene alguna moraleja esta fábula?

George H. Reavis

Emocionado

Es mi hija y está inmersa en la turbulencia de sus dieciséis años. Después de una reciente enfermedad, se enteró de que su mejor amiga se mudaría pronto. En el colegio no le iba todo lo bien que ella quería, ni lo que esperábamos su madre y yo. Exudaba tristeza debajo de una pila de frazadas, acurrucada en la cama en busca de consuelo. Yo quería llegar a ella y alejar todas las desdichas que habían echado raíz en su joven espíritu. Sin embargo, pese a ser consciente de lo mucho que la quería y deseaba librarla de su infelicidad, sabía que era importante proceder con cautela.

Como terapeuta familiar, tengo una amplia formación en cuanto a las expresiones de intimidad inapropiadas entre padres e hijas, sobre todo a partir de pacientes cuyas vidas quedaron destruidas debido al abuso sexual. También soy consciente de la facilidad con que pueden sexualizarse el cariño y la proximidad, especialmente en el caso de hombres para los cuales el campo emocional es un territorio extraño y que confunden cualquier expresión de afecto con una invitación sexual. Cuánto más fácil era contenerla y consolarla cuando tenía dos, tres o siete años. Pero ahora, su cuerpo, nuestra sociedad y mi hombría parecían conspirar contra el consuelo que le podía dar a mi hija. ¿Cómo podía consolarla respetando los límites necesarios entre un padre y una hija adolescente? Decidí darle un masaje en la espalda. Ella aceptó.

Suavemente, mientras me disculpaba por mi ausencia reciente, le masajeé la espalda huesuda y los hombros tensos. Le expliqué que acababa de regresar de las finales internacionales de masajes en la espalda, en las que había salido cuarto. Le aseguré que es difícil ganarle al masaje en la espalda de un padre preocupado, especialmente cuando se trata de un padre masajista de nivel internacional preocupado. Mientras mis manos y mis dedos trataban de aflojar sus músculos tensos y de destrabar las tensiones en su joven vida, le hablé del concurso y de los demás concursantes.

Le hablé del anciano asiático encogido que había salido tercero en el concurso. Después de estudiar acupuntura y acupresión toda su vida, podía concentrar toda la energía en sus dedos y elevar así el masaje al nivel de un arte. "Apretaba y presionaba con una precisión de prestidigitador", le expliqué, mostrándole a mi hija lo que había aprendido del anciano. Emitió un gemido, pero no sé si en respuesta a mi comentario o a mi toque. Después le hablé de la mujer que había salido segunda. Era de Turquía y como en su infancia había practicado el arte de la danza del vientre, podía hacer que los músculos se movieran y sacudieran en un movimiento fluido. Con su masaje, sus dedos despertaban en los músculos cansados y en los cuerpos desgastados el impulso de vibrar, estremecerse y bailar. "Dejaba que sus dedos se deslizaran y los músculos seguían al compás" dije, haciendo la demostración.

"Qué extraño" —brotó débilmente de una cara sofocada por una almohada. ¿Era mi monólogo o mi toque?

Luego seguí masajeando la espalda de mi hija y nos quedamos en silencio. Después de un momento, me preguntó: "¿Entonces, quién salió primero?"

"¡No lo vas a creer! —dije—. ¡Fue un bebé!" Y le expliqué que en el mundo no había nada comparable a los toques suaves y confiados de un bebé explorando un mundo de piel, olores y gustos. Más suaves que todo lo suave. Impredecibles, agradables, inquietos. Manitos que dicen más de lo que cualquier palabra puede llegar a expresar. Sobre la pertenencia. Sobre la confianza. Sobre el amor inocente. Y entonces la toqué despacito y suavemente como había aprendido del bebé. Recordé intensamente su propia infancia cuando la alzaba, la hamacaba, la veía gatear y crecer en su mundo. Me di cuenta de que, en realidad, ella era el bebé que me había enseñado el toque del bebé.

Después de otro ratito de masajes suaves y silencio, le dije que estaba contento de haber aprendido tanto de los masajistas expertos del mundo. Le expliqué que me había convertido en un masajista aún mejor para una hija de dieciséis años que estaba estirándose para adquirir forma adulta. Hice una silenciosa plegaria para dar gracias porque esa vida hubiera sido puesta en mis manos y por haber sido bendecido por el milagro de tocar una parte de ella.

Victor Nelson

Te quiero, hijo

Pensamientos mientras llevo a mi hijo al colegio: Buen día, hijo. Se te ve muy bien con tu equipo de Scout, no tan gordo como tu viejo cuando era Scout. Creo que nunca tuve el pelo tan largo hasta que empecé la universidad, pero me parece que te reconocería de cualquier manera por lo que eres: un poco despeinado alrededor de las orejas, arrastrando los pies, con las rodillas rugosas... Estamos acostumbrados uno al otro...

Ahora que tienes ocho años, noto que no te veo demasiado. El día de la Raza te fuiste a las nueve de la mañana. Te vi durante cuarenta y dos segundos a la hora del almuerzo y volviste a aparecer para comer. Te extraño, pero sé que tienes cosas importantes de las que debes ocuparte. Sin duda, tan importantes como las cosas que están haciendo tus otros compañeros de ruta, si no más.

Tienes que crecer y eso es más importante que cortar cheques, comprar acciones o girar en descubierto. Tienes que aprender qué eres capaz de hacer y qué no y tienes que aprender a manejar eso. Tienes que aprender sobre las personas y sobre cómo se comportan cuando no se sienten bien consigo mismas, como los patoteros que se meten a molestar y agreden a los chicos más pequeños. Sí, hasta tendrás que aprender a fingir que insultar no lastima. Siempre lastimará, pero tendrás que disimular o la próxima vez te dirán cosas peores. Sólo espero que recuerdes qué se siente, por si alguna vez se te ocurre molestar a un chico más pequeño que tú.

¿Cuándo fue la última vez que te dije que me siento orgulloso de ti? Supongo que si no lo recuerdo, me falta mucho por hacer. Recuerdo la última vez que te grité —te dije que llegaríamos tarde si no te apurabas— pero, haciendo un balance, no te he dado tantas palmadas como gritos. Para que lo tengas en cuenta, si llegas a leer esto, estoy orgulloso de ti. Me gusta sobre todo tu independencia, la forma en que te cuidas pese a que me asusta un poquito. Nunca has sido demasiado quejoso y eso te convierte para mí en un niño superior.

¿Por qué los padres tardan tanto en darse cuenta de que los chicos de ocho años necesitan tantos abrazos como los de cuatro? Si no presto atención, muy pronto te daré un puñetazo en el brazo diciendo: "¿Qué tal, flaco?" en vez de abrazarte y decirte que te quiero. La vida es demasiado breve para ocultar el afecto. ¿Por qué los chicos de ocho años tardan tanto en darse cuenta de que los de treinta y seis necesitan tantos abrazos como los de cuatro?

Ojalá el camino no fuera tan corto... Quiero hablar de anoche... cuando tu hermano menor se fue a dormir y te dejamos quedarte levantado y ver el partido de fútbol. Esos momentos son tan especiales. Es imposible planificarlos. Cada vez que tratamos de planear algo juntos, nunca resulta tan bueno, rico o agradable. Durante unos minutos demasiado breves fue como si ya hubieras crecido y hubiéramos estado hablado sin referencias al colegio. Ya había revisado tu deber de matemática de la única forma que sé hacerlo, con una calculadora. Eres mejor que yo con los números. Y hablamos del juego y sabías más que yo sobre los jugadores. Aprendí de ti. Y a los dos nos encantó que ganara nuestro equipo.

Bueno, ahí está el guardia de tránsito, como siempre. Probablemente, viva mucho más que todos nosotros. Ojalá no tuvieras que ir al colegio hoy. Hay tantas cosas que quiero decirte.

Tu salida del auto es tan rápida. Quiero saborear el momento y ya viste a un par de amigos tuyos.

Simplemente quería decirte "Te quiero, hijo..."

Victor B. Miller

Lo que eres es tan importante como lo que haces

Lo que eres se expresa con tanta fuerza que no puedo oír lo que dices.

Ralph Waldo Emerson

Era una tarde soleada de sábado en la ciudad de Oklahoma. Mi amigo y orgulloso padre Bobby Lewis llevaba a sus dos hijitos a jugar minigolf. Se acercó al hombre que estaba en la ventanilla y le preguntó el valor de la entrada.

El muchacho respondió:

—Tres dólares para usted y tres dólares para los niños mayores de seis años. Si tienen seis o menos entran gratis. ¿Qué edad tienen?

—El abogado tiene tres y el médico siete, o sea que creo que le debo seis dólares —aclaró Bobby.

El hombre de la ventanilla se asombró: —Eh, señor, ¿acaba de ganar la lotería o algo parecido? Pudo ahorrarse tres dólares. Si me hubiera dicho que el mayor tenía seis, no me habría dado cuenta.

Bobby respondió: —Es posible, pero los chicos, sí.

Como decía Ralph Waldo Emerson: "Lo que eres se expresa con tanta fuerza que no oigo lo que dices". En tiempos de desafíos, cuando la ética es más importante que nunca, asegurémonos de dar un buen ejemplo a todos los que trabajan y viven con nosotros.

Patricia Fripp

La perfecta familia de clase media

Son las diez y media de una mañana de sábado perfecta y somos, por el momento, la familia de clase media perfecta. Mi mujer llevó a nuestro hijo de seis años a su primera clase de música. Nuestro hijo de catorce años todavía no se levantó de la cama. El de cuatro, mira en una pantalla cómo seres pequeños y antropomórficos se arrojan desde lo alto de unos acantilados, en el otro cuarto. Yo estoy sentado en la cocina, leyendo el diario.

Aaron Malachi, el de cuatro años, aparentemente aburrido por la masacre en dibujo animado y el considerable poder personal adquirido a través del control remoto, se introduce en mi espacio.

—Tengo hambre —dice.

—¿Quieres cereales?

—No.

—¿Quieres un yogur?

—No.

—¿Quieres un huevo duro?

—No. ¿Puedo comer helado?

—No.

Según tengo entendido, el helado puede ser mucho más nutritivo que los cereales procesados o los huevos inyectados con antibióticos pero, para mis valores culturales, no está bien tomar un helado un sábado a las diez y cuarenta y cinco de la mañana.

Silencio. Unos cuatro segundos.

—Papá, tenemos una larga vida por delante, ¿no?

—Sí, tenemos una vida larguísima por delante, Aaron.

—¿Yo y tú y mamá?

—Eso es.

—¿E Isaac?

—Sí.

—¿Y Ben?

—Sí. Tú y yo y mamá e Isaac y Ben.

—Tenemos una larga vida por delante. Hasta que toda la gente se muera.

—¿Qué quieres decir con eso?

Aaron se sienta sobre la mesa, con las piernas cruzadas como un Buda en el medio de mi diario.

—¿Qué quieres decir con eso de "hasta que toda la gente se muera", Aaron?

—Tú dijiste que todo el mundo se muere. Cuando todo el mundo se muera, volverán los dinosaurios. Los hombres de las cavernas vivían en cavernas, cavernas de dinosaurios. Entonces, los dinosaurios volvieron y los desalojaron.

Me doy cuenta de que para Aaron la vida ya es una economía limitada, un recurso con un principio y un fin. Se ve a sí mismo y a nosotros en algún lugar de esa trayectoria, una trayectoria que termina en incertidumbre y pérdida.

Me veo frente a una decisión ética. ¿Qué debo hacer ahora? ¿Tratar de darle un Dios, la salvación, la eternidad? ¿Debo darle alguna perorata como "tu cuerpo es sólo un caparazón y cuando mueras, estaremos todos juntos en espíritu para siempre"?

¿O debo dejarlo con su incertidumbre y su angustia porque creo que es real? ¿Debo tratar de convertirlo en un existencialista ansioso o debo tratar de hacerlo sentir mejor?

No sé. Miro el diario. Mi equipo de fútbol perdió, como todos los últimos viernes. Alguien está enojado con alguien, pero no veo quiénes son, porque el pie de Aaron está en el camino. No sé, pero mi sensibilidad neurótica, adictiva de clase media me dice que este momento es muy importante, un momento en el cual se definen las formas en que Aaron construirá su mundo. O tal vez mi sensibilidad neurótica, adictiva de clase media me hace creer eso. Si la vida y la muerte son una ilusión, ¿cómo voy a jugar con la forma en que alguien las entiende?

En la mesa, Aaron juega con un soldadito; le levanta los brazos y lo hamaca sobre sus piernas. Entonces puedo ver quién se enojó con quién, pero ya no importa.

No debo jugar con la forma en que Aaron entiende la vida y la muerte porque quiero que tenga un sentido sólido de la estructura, un sentido de la permanencia de las cosas. Es obvio lo bien que estuvieron conmigo las monjas y los curas. Era la agonía o el éxtasis. El cielo y el infierno no estaban conectados por un servicio de larga distancia. Uno estaba en el equipo de Dios o estaba en el horno, y el horno estaba caliente. No quiero que Aaron se queme, pero quiero que tenga una estructura fuerte. La neurótica, inconfesable angustia, puede venir más adelante.

¿Es posible? ¿Es posible tener la idea de que Dios, el espíritu, el karma, H, Y, Z, o algo es trascendente, sin traumatizar el presente de una persona, sin hacerla chocar contra aquello? ¿Podemos tener nuestra torta y además comerla, ontológicamente hablando? ¿O su frágil sensibilidad, su "aquí" se divide por semejante acto?

Al percibir un ligero aumento de la agitación sobre la mesa, me doy cuenta de que Aaron está aburriéndose con su soldado. Con una actitud de drama que favorece el momento, carraspeo y empiezo con tono profesional:

—Aaron, la muerte para algunas personas es...

—Papá —me interrumpe Aaron—, ¿podríamos jugar algún videojuego? No es muy violento —explica gesticulando con las manos—. No es para matar. Los tipos sólo se caen.

—Sí —digo con cierto alivio—, juguemos con los videojuegos. Pero primero tenemos que hacer algo.

—¿Qué? —Aaron se detiene y se da vuelta ya cerca de la puerta.

—Primero, tomemos un helado.

Otro sábado perfecto para una familia perfecta. Por ahora.

Michael Murphy

El problema contigo, Sheldon,
es que no tienes confianza en ti mismo.

¡Dilo!

Si estuvieras a punto de morir y sólo pudieras hacer una llamada telefónica, ¿a quién llamarías y qué le dirías? ¿Y qué estás esperando?

Stephen Levine

Una noche, después de leer uno de los cientos de libros para padres que he leído, me sentía un poquito culpable porque éste describía algunas estrategias que no utilizaba desde hacía bastante tiempo. La principal consistía en que el padre hablara con su hijo y usara esas dos palabras mágicas: "Te quiero". Hacía hincapié una y otra vez en que los niños necesitan saber que los padres realmente los quieren de manera incondicional e inequívoca.

Subí al cuarto de mi hijo y golpeé a la puerta. Lo único que oí fue su batería. Sabía que estaba ahí pero no contestaba. Entonces abrí la puerta y, como era de esperar, estaba sentado con los auriculares puestos, escuchando una cinta y tocando la batería. Me adelanté para atraer su atención y le dije: —¿Tim, tienes un minuto?

—Sí, claro, papá. Siempre tengo un minuto —contestó. Nos sentamos y después de unos quince minutos de mucho palabrerío y vacilaciones, le dije: —Tim, realmente, me encanta cómo tocas la batería.

—Oh, gracias, papá, aprecio mucho lo que me dices —fue su respuesta.

—Después te veo —concluí ya desde la puerta. Cuando iba bajando la escalera, me di cuenta de que yo había subido con un mensaje y no lo había transmitido. Sentía que era muy importante volver y tener otra chance de decir las dos palabras mágicas.

Volví escaleras arriba, golpeé la puerta y la abrí.

—¿Tienes un minuto, Tim?

—Claro, papá. Siempre tengo uno o dos minutos. ¿Qué quieres?

—Hijo, la primera vez que vine a decirte algo, surgió otra cosa. En realidad, no era lo que quería compartir contigo. Tim, ¿recuerdas que cuando aprendías a manejar, me causaba muchos problemas? Escribí dos palabras y las puse debajo de tu almohada con la esperanza de que te sirviera para algo. Había cumplido mi tarea como padre y le expresaba mi amor a mi hijo. —Finalmente, después de un poco de palabrerío, miré a Tim y le dije: —Lo que quiero que sepas es que te queremos.

—Oh, gracias, papá. ¿Tú y mamá? —preguntó mirándome.

—Sí, los dos, no lo decimos lo suficiente.

—Gracias, significa mucho para mí. Sé que me quieren.

Di media vuelta y salí. Mientras iba bajando la escalera, empecé a pensar: "No puedo creerlo. Ya subí dos veces, sé cuál es el mensaje y sin embargo digo otra cosa".

Decidí que volvería y le diría a Tim exactamente lo que pensaba. Lo oirá directamente de mí. "¡No me importa que ya mida un metro ochenta!" Entonces, vuelvo, golpeo la puerta y él grita: —Espera un minuto. No me digas quién es. ¿Otra vez tú, papá?

—¿Cómo lo sabes?

—Lo he sabido desde que eres padre, papá —me respondió.

—Hijo, ¿tienes otro minuto? —me animé.

—Sabes que siempre tengo uno, así que entra. ¿Supongo que no me dijiste lo que querías decirme?

—¿Cómo lo sabes?

—Te conozco desde que usaba pañales.

—Bueno, esto es lo que no te dije, Tim. Solamente quiero expresarte lo especial que eres para nuestra familia. No es lo que haces, y no es lo que has hecho, como todas las cosas que haces con los chicos de tu edad en la ciudad. Es lo que eres como persona. Te quiero, y deseaba que supieras que te quiero, y no sé por qué me contengo en algo tan importante.

Me miró y dijo: —Ey, papá, sé que me quieres y realmente es fantástico oírte decirlo. Gracias por tus pensamientos y por la intención. —Cuando iba saliendo, me dijo: —Oh, eh, papá. ¿Tienes otro minuto?

"Oh, no. ¿Qué va a decirme?", pensé y le dije: —Claro, siempre tengo un minuto.

No sé dónde aprenden los chicos estas cosas, estoy seguro de que no puede ser de los padres, pero dijo:

—Papá, quiero hacerte una pregunta.

—¿Sí?

—¿Papá estuviste asistiendo a un taller o algo por el estilo?

Pienso que como cualquier chico de dieciocho años, me había tomado el tiempo, y le contesté: —No, estaba leyendo un libro y decía lo importante que es decirles a los hijos lo que uno siente por ellos.

—Ey, gracias por tomarte el tiempo de hacerlo. Más tarde hablamos, papá.

Pienso que la mayor enseñanza de Tim esa noche fue que la única manera en que se puede entender el verdadero sentido y propósito del amor es estando dispuesto a pagar su precio. Hay que salir y correr el riesgo de expresarlo.

Gene Bedley

4

DEL APRENDIZAJE

Aprender es descubrir lo que ya sabemos.

Hacer es demostrar que lo sabemos.

Enseñar es recordar a otros que lo saben tan bien como nosotros.

Todos somos aprendices, hacedores, maestros.

Richard Bach

acerme UN futuro

Querida Señorita,
Oy, Mamá yoró. Me preguntó ¿
Julia, sabés para qué bas a la es
cuela? Le dije que no se porque
Ella dijo ques para acerme
un futuro. Le dije que es un futuro, qué forma tiene? Mama dijo
No se Julia, nadie puede saver
como es tu futuro. No te preocupes por
que ya lo verás. Entonses se puso
a yorar, y dijo Julia te quiero mucho.
Mamá dice que todos tienen que
trabajar para que los chicos nos agan
os el mejor futuro posible del mundo.
Señorita, podemos empesar a
acerme un futuro? Puede tratar de
acerlo lindo para Mamá y para mi?
La quiero mucho

Cariños,
Julia

Creado por Frank Trujillo

Ahora me quiero

En cuanto la propia imagen de un niño empieza a mejorar, se constantan avances significativos en muchas áreas de realizaciones, pero lo que es más importante, se ve a un niño que empieza a disfrutar más de la vida.

Wayne Dyer

Sentí un gran alivio cuando empecé a comprender que un chico necesita algo más que una materia. Conozco la matemática y la enseño bien. Antes pensaba que era todo lo que necesitaba. Ahora que enseño a chicos, acepto el hecho de que, con algunos de ellos, sólo puedo tener un éxito parcial. Ahora que no tengo por qué saber todas las respuestas, me da la impresión de que tengo más respuestas que cuando trataba de ser el experto. El chiquito que realmente me hizo entender esto fue Eddie. Un día le pregunté por qué creía que le iba mucho mejor que el año anterior. Le dio significado a mi nuevo rumbo. "Es que, estando con usted, ahora me quiero", dijo.

Un maestro citado por Everett Shostrom en "Man, El Manipulador"

Todas las cosas buenas

Estaba en mi clase de tercer grado en la Escuela Saint Mary de Morris, Minnesota. Yo quería a mis treinta y cuatro alumnos, pero Mark Eklund era uno en un millón. De aspecto muy prolijo, tenía tanta alegría de vivir que hasta su ocasional malicia resultaba encantadora.

Mark hablaba sin parar. Yo trataba de recordarle una y otra vez que hablar sin permiso no estaba bien. Lo que me impresionaba, sin embargo, era la respuesta sincera que me daba cada vez que lo corregía por portarse mal: "¡Gracias por corregirme, Hermana!" Al principio no sabía qué hacer pero en seguida me acostumbré a oírlo muchas veces al día.

Una mañana mi paciencia estaba a punto de agotarse cuando Mark volvió a hablar. Cometí un error de docente novato. Miré a Mark y le dije: "¡Si dices una palabra más, te taparé la boca con cinta adhesiva!"

No habían pasado diez segundos, cuando Chuck exclamó: "Mark está hablando de nuevo". No les había pedido a los demás alumnos que me ayudaran a vigilar a Mark, pero como había mencionado el castigo frente a la clase, tenía que cumplirlo.

Recuerdo la escena como si hubiera sido hoy. Caminé hasta mi escritorio, abrí deliberadamente el cajón y saqué un rollo de cinta adhesiva. Sin decir una palabra, fui hasta el banco de Mark, corté dos pedazos de cinta e hice una gran X con ellos sobre su boca. Luego volví al frente de la clase.

Cuando miré a Mark para ver qué hacía, me guiñó el ojo. ¡Eso fue lo que hizo! Empecé a reírme. Toda la clase aplaudió cuando me acerqué al banco de Mark, le quité la cinta y me encogí de hombros. Sus primeras palabras fueron: "Gracias por corregirme, Hermana".

A fin de año, me llamaron para enseñar matemática en primer año. Pasaron los años y sin darme cuenta volví a tener a Mark en mi clase. Estaba más lindo que nunca e igual de educado. Como tenía que prestar mucha atención a mis explicaciones de matemática, no hablaba tanto como en la primaria.

Un viernes, las cosas no andaban muy bien. Habíamos trabajado mucho con un nuevo concepto toda la semana y me daba cuenta de que los chicos se sentían frustrados y crispados entre ellos. Debía terminar con este malestar antes de que se descontrolaran. Entonces, les pedí que hicieran una lista con los nombres de los alumnos de la clase en dos hojas de papel, dejando espacio entre cada nombre. Después, les pedí que pensaran lo más lindo que se les ocurriera respecto de sus compañeros de clase y que lo escribieran.

La tarea les llevó todo el resto de la clase, pero al salir del aula, cada uno me entregó su papel. Chuck sonrió. Mark dijo: "Gracias por enseñarme, Hermana. Que tenga un buen fin de semana".

Ese sábado, escribí el nombre de cada alumno en una hoja suelta y transcribí todo lo que los demás habían dicho acerca de él. El lunes, le entregué a cada uno su lista. Algunas ocupaban dos páginas. Muy pronto, toda la clase sonreía. "¿De veras?", oí murmurar. "¡Nunca pensé que los demás me tenían en cuenta!" "¡No sabía que me querían tanto!"

Nadie de la clase volvió a mencionar esos papeles. Nunca supe si los chicos habían hablado del asunto entre ellos o con sus padres, pero no importaba. El ejercicio había logrado su propósito. Los alumnos estaban otra vez contentos consigo mismos y con los demás.

Ese grupo de estudiantes avanzó. Varios años más tarde, a la vuelta de unas vacaciones, mis padres me esperaban en el aeropuerto. Cuando íbamos camino a casa, mamá me hizo las preguntas habituales sobre el viaje: qué tal el tiempo, mis experiencias en general. Se hizo un silencio en la conversación.

—¿Papá? —dijo mamá mirando a mi padre de reojo.

—Mi padre se aclaró la garganta.

—Los Eklund llamaron anoche —empezó.

—¿De veras? —dije—. Hace varios años que no sé nada de ellos. Me pregunto cómo estará Mark.

—Mark acaba de morir en Vietnam —respondió despacio papá—. El funeral es mañana y a los padres les gustaría que tú fueras. —Hasta hoy, puedo señalar el lugar exacto en que estábamos en ese momento.

Nunca había visto a un soldado en un ataúd militar. Mark estaba tan apuesto, parecía tan maduro. Lo único que se me ocurrió pensar en ese momento fue: "Mark, daría toda la cinta adhesiva del mundo para que pudieras hablarme".

Los amigos de Mark llenaban la iglesia. La hermana de Chuck cantó un himno ¿Por qué tenía que llover el día del funeral? Ya era suficientemente difícil estar junto a la tumba. El pastor dijo las plegarias habituales y el corneta tocó a silencio. Uno por uno, todos los que querían a Mark pasaron junto al cajón y lo rociaron con agua bendita.

Fui la última en bendecir el cajón. Mientras estaba allí, uno de los soldados que había llevado el féretro se me acercó. —¿Usted fue profesora de matemática de Mark? —preguntó. Asentí sin dejar de mirar el cajón—. Mark hablaba mucho de usted —dijo.

Después del funeral la mayoría de los compañeros de clase fueron a almorzar a la casa de Chuck. Allí estaban la madre y el padre de Mark, obviamente esperándome. —Queremos mostrarle algo —dijo el padre, sacando una billetera del bolsillo—. Mark llevaba esto cuando lo mataron. Pensamos que lo reconocería.

Al abrir la billetera, extrajo con cuidado dos hojas de cuaderno gastadas que obviamente habían sido tocadas, desplegadas y dobladas muchas veces. Sin necesidad de mirarlas, supe que eran las hojas en las que había anotado las cosas buenas que habían dicho los compañeros de Mark sobre él. —Muchas gracias por hacer esto —dijo la madre—. Como ve, Mark lo guardó como un tesoro.

Los compañeros de Mark empezaron a reunirse alrededor de nosotros. Chuck sonrió tímidamente y dijo:

—Yo todavía tengo mi lista. Está en el cajón de arriba de mi escritorio, en casa.

—John me pidió que la pusiera en nuestro álbum de casamiento —comentó su mujer.

—Yo también tengo la mía —dijo Marilyn—. Está en mi diario.

Entonces Vicki, otra compañera de clase, buscó en su agenda y mostró su lista gastada y resquebrajada al grupo. —La llevo conmigo todo el tiempo —dijo Vicki sin pestañear—. Creo que todos guardamos nuestras listas.

Fue entonces cuando finalmente me senté y lloré. Lloré por Mark y por todos sus amigos que nunca volverían a verlo.

Helen P. Mrosla

Eres una maravilla

Cada segundo que vivimos es un momento nuevo y único del universo, un momento que nunca volverá... ¿Y qué les enseñamos a nuestros hijos? Les enseñamos que dos más dos es cuatro y que París es la capital de Francia.

¿Cuándo vamos a enseñarles también lo que son?

Deberíamos decirles: ¿Sabes lo que eres? Eres una maravilla. Eres único. En todos los años que han pasado, nunca hubo otro niño como tú. Tus piernas, tus brazos, tus dedos hábiles, la forma en que te mueves.

Puedes llegar a ser un Shakespeare, un Miguel Ángel, un Beethoven. Tienes capacidad para todo. Sí, eres una maravilla. Y cuando crezcas, ¿podrás lastimar a alguien que es, como tú, una maravilla?

Debes trabajar —todos debemos trabajar— para que el mundo sea digno de sus hijos.

Pablo Casals

Aprendemos haciendo

No hace muchos años empecé a tocar el violoncelo. La mayoría de la gente diría que lo que estoy haciendo es "aprender a tocar" el violoncelo. Pero estas palabras traen a nuestras mentes la extraña idea de que existen dos procesos distintos: (1) aprender a tocar el violoncelo; y (2) tocar el violoncelo. Suponen que haré lo primero hasta completarlo y en ese punto dejaré el primer proceso para empezar el segundo. En suma, seguiré "aprendiendo a tocar" hasta que haya "aprendido a tocar" y después empezaré a tocar. Por supuesto, esto es absurdo. No hay dos procesos sino uno. Aprendemos a hacer algo haciéndolo. No hay otra manera.

John Holt

La mano

Un editorial de un día de Acción de Gracias en el diario contaba la historia de una maestra de escuela que le había pedido a sus alumnos de primer grado que dibujaran algo por lo cual estuvieran agradecidos. Pensó que esos chicos de vecindarios pobres en realidad no tenían demasiadas cosas que agradecer. Sabía que la mayoría de ellos dibujarían pollos al horno o mesas con comida. La maestra se quedó helada con el dibujo que le entregó Douglas... una simple mano dibujada en forma infantil.

Pero, ¿la mano de quién? La clase quedó cautivada por la imagen abstracta. "Creo que debe ser la mano de Dios que nos trae comida", dijo un chico. "Un granjero —dijo otro— porque cría pollos". Por último, mientras los demás estaban trabajando, la maestra se inclinó sobre el banco de Douglas y le preguntó de quién era esa mano. "Es su mano, señorita", farfulló.

Se acordó entonces de que muchas veces, a la hora del recreo, había llevado a Douglas, un niño delgaducho y desamparado, de la mano. Muchas veces lo hacía con los niños. Pero para Douglas significaba tanto. Tal vez había expresado el agradecimiento de todos, no por las cosas materiales que recibimos sino por la posibilidad, por pequeña que sea, de dar a los demás.

Fuente desconocida

El niño

Había una vez un niño que iba al colegio.
Era un niño muy pequeño.
Y la escuela era muy grande.
Pero cuando el niño
vio que podía entrar en su aula
directamente desde la puerta principal
se sintió feliz,
y la escuela ya no le pareció tan grande.

Una mañana,
cuando el niño llevaba ya un tiempo en el colegio,
la maestra dijo:

—Hoy vamos a hacer un dibujo.
"¡Qué bueno!", pensó el niño.
Le gustaba hacer dibujos.
Podía dibujar de todo:
leones y tigres,
pollos y vacas,
trenes y barcos.
Y sacó su caja de crayones
y empezó a dibujar.

Pero la maestra dijo:
—¡Esperen! ¡No empiecen todavía!
y el niño esperó a que los demás estuvieran listos.

—Ahora —dijo la maestra—,
vamos a hacer flores."
"¡Qué bueno!" —pensó el niño.
Le gustaba hacer flores,
y empezó a hacer flores lindísimas,
con sus crayones rojo, anaranjado y azul.

Pero la maestra dijo,
—¡Esperen! Yo les mostraré cómo.
Y dibujó una flor en el pizarrón.
Era roja, con un tallo verde.
—Listo —dijo la maestra—.
Ahora pueden empezar.

El niño miró la flor de la maestra.
Después miró su propia flor,
le gustaba más la suya que la de la maestra.
Pero no lo dijo,
simplemente dio vuelta la hoja
e hizo una flor como la de la maestra.
Era roja, con un tallo verde.

Otro día,
cuando el niño había abierto la puerta
de la clase, él solito,
la maestra dijo,
—Hoy vamos a hacer algo con plastilina.
—"¡Qué bien!" —pensó el niño.
Le gustaba la plastilina.

Podía hacer de todo con plastilina:
víboras y muñecos de nieve,
elefantes y ratones,
autos y camiones...
y empezó a apretar y tironear
su bola de plastilina.

Pero la maestra dijo,
—¡Esperen! ¡No empiecen todavía!
y esperó hasta que todos estuviesen listos.

—Ahora —dijo la maestra—,
vamos a hacer un plato.
"¡Qué bueno!" —pensó el niño.
Le gustaba hacer platos,
y empezó a hacer algunos
de todas las formas y todos los tamaños.

Pero la maestra dijo,
—¡Esperen! Yo les mostraré cómo.
Y les mostró a todos cómo hacer
un plato hondo.
—Listo —dijo la maestra—,
ahora pueden empezar.

El niño miró el plato de la maestra.
Después miró el suyo.
Le gustaban más sus platos que el de la maestra,
pero no lo dijo,
simplemente volvió a formar nuevamente una bola
con su plastilina, e hizo un plato como el de la maestra.
Era un plato hondo.

Y muy pronto el niño aprendió a esperar
y a observar,
y a hacer las cosas como su maestra.
Y muy pronto
dejó de hacer cosas solo.

Y entonces ocurrió que
el niño y su familia
se mudaron a otra casa,
en otra ciudad,
y el niño
tuvo que ir a otra escuela.

Esta escuela era aún más grande
que la otra,
y no había una puerta directa
hasta su clase.

Tenía que subir unas escaleras muy altas
y caminar por un corredor
hasta llegar a su aula.

Y el primer día
que asistió a clase, la maestra dijo:
—Hoy vamos a hacer un dibujo.

"¡Qué bueno!", pensó el niño.
Y esperó que la maestra
le dijera qué hacer,
pero la maestra no dijo nada.
Sólo caminaba por el aula.

Cuando llegó hasta el niño dijo:
—¿No quieres hacer un dibujo?
—Sí —dijo el niño
—¿Qué vamos a hacer?
—No lo sé hasta que no lo hagas, —dijo la maestra.
—¿Cómo lo hago? —preguntó el niño.
—Bueno, como quieras, —dijo la maestra.
—¿Y de qué color? —preguntó el niño.
—Cualquier color —dijo la maestra—,
si todos hicieran el mismo dibujo,
y usaran los mismos colores,
¿cómo sabría quién hizo cada cosa,
y cuál es cual?
—No lo sé —dijo el niño.
Y empezó a hacer flores color
rosa, anaranjado y azul.

Le gustaba su nueva escuela,
pese a que no tenía una puerta
directa desde afuera.

Helen E. Buckley

Soy maestro

Soy Maestro.

Nací en el primer momento en que surgió una pregunta en la boca de un niño.

He sido muchas personas en muchos lugares.

Soy Sócrates que incita a los jóvenes de Atenas a descubrir nuevas ideas a través de sus preguntas.

Soy Anne Sullivan que transmite los secretos del universo a la mano extendida de Helen Keller.

Soy Esopo y Hans Christian Andersen que revelan la verdad a través de innumerables cuentos.

Soy Marva Collins que lucha por el derecho de todos los niños a la educación.

Los nombres de quienes ejercieron mi profesión suenan como un teatro de la fama para la humanidad: Buda, Confucio, Ralph Waldo Emerson, Mahatma Gandhi, Moisés y Jesús.

Yo soy también de aquellos cuyos nombres y caras han sido olvidados hace mucho pero cuyas lecciones y cuyo carácter siempre serán recordados en los logros de sus alumnos.

He llorado de alegría en los casamientos de ex alumnos, he reído con júbilo por el nacimiento de sus hijos y he estado de pie, dolorido y confundido, con la cabeza inclinada junto a tumbas cavadas demasiado pronto para cuerpos demasiado jóvenes.

En el transcurso de un día me han llamado para ser actor, amigo, enfermera y médico, entrenador, buscador de artículos perdidos, prestamista, taxista, psicólogo, padre adoptivo, vendedor, político y misionero.

Pese a los mapas, cuadros, fórmulas, verbos, historias y libros, no he tenido nada que enseñar, pues mis alumnos se tienen a sí mismos para aprender y sé lo difícil que es llegar a saber quiénes somos.

Soy una paradoja. Cuanto más escucho, más fuerte hablo. Mis mayores dones se encuentran en lo que estoy dispuesto a recibir agradecido de mis alumnos.

La riqueza material no es una de mis metas, pero soy un permanente buscador de tesoros en mi ansia de encontrar nuevas oportunidades para que mis alumnos usen sus talentos y en mi constante búsqueda de esos talentos que a veces están sepultados en el derrotismo.

Soy el más afortunado de todos los trabajadores.

Un médico puede traer vida al mundo en un momento mágico. Yo puedo ver renacer esa vida todos los días con nuevas preguntas, ideas y amistades.

Un arquitecto sabe que, si construye con esmero, su edificio puede mantenerse durante siglos. Un maestro sabe que si construye con amor y verdad, lo que construye durará para siempre.

Soy un guerrero que batalla todos los días contra la presión de los pares, la negatividad, el miedo, la conformidad, el prejuicio, la ignorancia y la apatía. Pero tengo grandes aliados: la inteligencia, la curiosidad, el apoyo paterno, la individualidad, la creatividad, la fe, el amor, y la risa que agitan mi bandera con resistencia indómita.

Y a quién debo agradecer esta vida magnífica que tengo la fortuna de vivir, sino a ustedes, el público, los padres. Pues me han hecho el gran honor de confiarme su mayor contribución a la eternidad, sus hijos.

Y es así como tengo un pasado lleno de recuerdos. Tengo un presente exigente, aventurero y divertido porque puedo pasar mis días con el futuro.

Soy maestro... y todos los días se lo agradezco a Dios.

John W. Schlatter

5

VIVE TU SUEÑO

Los que dicen que no puede hacerse no deberían interrumpir a quienes lo están haciendo.

¡Creo que puedo!

Si piensas que puedes o piensas que no puedes, tienes razón.

Henry Ford

Rocky Lyons, el hijo de Jets Lyons defensor zaguero de los New York, tenía cinco años cuando viajaba en auto por los campos de Alabama con su madre, Kelly. Iba dormido en el asiento delantero de la camioneta con los pies apoyados en su falda.

La madre iba manejando con cuidado por el sinuoso camino de dos carriles, cuando se topó con un puente angosto. Al hacerlo, la camioneta chocó contra un poste, se deslizó fuera del camino y la rueda delantera derecha quedó atascada en un surco. Temiendo que la camioneta volcara, Kelly trató de volverla al camino apretando con fuerza el pedal del acelerador y girando el volante a la izquierda. Pero el pie de Rocky quedó atrapado entre su pierna y el volante y perdió el control de la camioneta.

Ésta se deslizó por una barranca de seis metros. Al llegar abajo, Rocky se despertó. "¿Qué pasó, mamá? —preguntó—. Nuestras ruedas apuntan al cielo."

Kelly estaba cegada por la sangre. La palanca de cambios se le había incrustado en la cara, partiéndosela desde el labio superior hasta la frente. Tenía las encías desgarradas, las mejillas destrozadas, los hombros aplastados. Con un hueso destrozado que le salía de la axila, quedó clavada contra la puerta abollada.

"Yo te sacaré, mamá", anunció Rocky, que milagrosamente no había resultado herido. Se soltó de la presión de Kelly, se deslizó por la ventanilla abierta y trató de sacar a su madre. Pero ella no se movía. "Déjame dormir", suplicaba Kelly, que por momentos perdía la conciencia. "No, mamá —insistía Rocky—, no puedes dormirte."

Rocky volvió a entrar en la camioneta y se las arregló para rescatar a Kelly. Luego le dijo que subiría al camino y pararía un auto para conseguir ayuda. Temiendo que nadie viera a su hijito en la oscuridad, Kelly se negó a dejarlo ir solo. Treparon lentamente la banquina. Rocky usó su magro cuerpo de veinte kilos como pudo para empujar a su madre que pesaba más del doble. Avanzaban de a pulgadas. El dolor era tan grande que Kelly quería renunciar, pero Rocky no la dejaba.

Para alentar a su madre, Rocky le dijo que pensara en "el trencito", el tren del clásico cuento infantil, "*El trencito que pudo*", que logró subir una montaña empinada. Para recordárselo, Rocky repetía sin cesar su versión de la frase inspiradora del cuento: "Yo sé que puedes, yo sé que puedes".

Cuando finalmente llegaron al camino, Rocky vio por primera vez la cara deshecha de su madre. Se echó a llorar. Agitando los brazos y rogando "¡Pare, por favor pare!", el niño le hizo señas a un camión. "Lleve a mamá a un hospital", le rogó al camionero que se detuvo.

Fueron necesarias ocho horas y más de trescientas puntadas para reconstruir la cara de Kelly. Ahora luce muy distinta: "Tenía la nariz larga y recta, labios finos y pómulos altos; ahora tengo la nariz aplastada, los pómulos chatos y labios mucho más gruesos", pero tiene pocas cicatrices visibles y se recuperó de las heridas.

El heroísmo de Rocky se convirtió en noticia. Pero el valiente jovencito insiste en que no hizo nada extraordinario. "No es que quisiera que sucediera —explica—.

Simplemente hice lo que cualquiera hubiera hecho.” Su madre dice: “Si no fuera por Rocky, me habría desangrado”.

Relato escuchado por primera vez a
Michele Borba

Descansa en paz. El funeral del "No puedo"

La clase de cuarto grado de Donna se parecía a muchas que había visto en el pasado. Los alumnos estaban sentados en cinco hileras de seis bancos. El escritorio de la maestra estaba en el frente de cara a los estudiantes. La pizarra de los anuncios mostraba trabajos escolares. En la mayoría de los aspectos, parecía un aula tradicional de escuela primaria. Sin embargo, el mismo día en que entré por primera vez, algo me pareció distinto. Parecía haber una corriente subterránea de excitación.

Donna era una maestra veterana en una pequeña ciudad de Michigan, a la que faltaban apenas dos años para jubilarse. Además, se había ofrecido como voluntaria en un proyecto de desarrollo personal que yo había organizado y dirigido en todo el condado. La capacitación se centraba en ideas relacionadas con el lenguaje y el arte que pudieran hacer sentir bien consigo mismos a los estudiantes y a hacerse cargo de sus vidas. La tarea de Donna consistía en asistir a las sesiones de capacitación y poner en práctica los conceptos que se presentaban. Mi tarea consistía en hacer visitas a las clases y alentar la puesta en práctica.

Me senté en un banco vacío al fondo de la clase y observé. Todos los alumnos estaban trabajando en una tarea que consistía en llenar una hoja de cuaderno con pensamientos e ideas. La alumna de diez años que estaba más cerca de mí estaba llenando su página con "No puedo".

"No puedo patear la pelota de fútbol más allá de la segunda línea."

"No puedo hacer una división larga con más de tres números."

"No puedo hacer que Debbie me quiera."

Había llenado media página y no mostraba signos de parar. Trabajaba con determinación y persistencia.

Caminé junto a los bancos mirando las hojas de los chicos. Todos escribían oraciones describiendo cosas que no podían hacer.

"No puedo hacer diez abdominales."

"No puedo pasar la defensa del campo izquierdo."

"No puedo comer solamente una galletita."

A esa altura, la actividad atrajo mi curiosidad, de modo que decidí hablar con la maestra para ver qué pasaba. Al acercarme, noté que ella también estaba ocupada escribiendo. Me pareció mejor no interrumpirla.

"No puedo conseguir que la madre de John venga a la reunión de maestros."

"No puedo conseguir que mi hija le cargue nafta al auto."

"No puedo lograr que Alan use palabras en vez de sus puños."

Derrotada en mis esfuerzos por determinar por qué alumnos y maestra se demoraban en lo negativo en lugar de escribir las afirmaciones "Puedo", más positivas, volví a mi asiento y continué mis observaciones. Los alumnos escribieron durante otros diez minutos. La mayoría de ellos llenaron su página. Algunos empezaron otra.

"Terminen la que están haciendo y no empiecen otra", fue la instrucción de Donna para indicar el final de la actividad. Los estudiantes recibieron luego la indicación de doblar sus hojas por la mitad y llevarlas al frente. Al llegar al escritorio de la maestra, colocaban sus declaraciones de “No puedo” en una caja de zapatos vacía.

Una vez recogidas las hojas de todos los alumnos, Donna agregó la suya. Tapó la caja, se la puso bajo el brazo, se encaminó hacia la puerta y salió al hall. Los alumnos siguieron a la maestra. Yo seguí a los alumnos.

Al llegar a la mitad del corredor, la procesión se detuvo. Donna entró en la sala de los ordenanzas, dio algunas vueltas y salió con una pala. Con la pala en una mano y la caja de zapatos en la otra, Donna condujo a los estudiantes hasta el rincón más alejado del parque. Allí empezaron a cavar.

¡Iban a enterrar sus “No puedo”! La excavación llevó más de diez minutos porque la mayoría de los chicos quería colaborar. Cuando el pozo alcanzó más o menos noventa centímetros de profundidad, dejaron de cavar. Acomodaron la caja de los “No puedo” en el fondo del pozo y la cubrieron rápidamente con tierra.

Alrededor de la tumba recién cavada, había treinta y un chicos de diez y once años. Cada uno tenía por lo menos una página llena de “No puedo” en la caja de zapatos, a un metro de profundidad. La maestra también.

En ese momento, Donna anunció: “Chicos, por favor junten las manos y bajen la cabeza”. Los alumnos obedecieron. En seguida, formaron un círculo en torno de la tumba y formaron una ronda tomados de las manos. Bajaron la cabeza y esperaron. Donna dijo su oración.

“Amigos, estamos aquí reunidos para honrar la memoria de ‘No puedo’. Mientras estuvo con nosotros en la tierra, afectó la vida de todos, de algunos más que de otros. Desgraciadamente, su nombre ha sido pronunciado en todos los edificios públicos, escuelas, municipalidades, congresos y sí, hasta en la Casa Blanca.

“Acabamos de darle una morada definitiva a ‘No puedo’ y una lápida contiene su epitafio. Lo sobreviven sus hermanos, ‘Puedo’, ‘Quiero’ y ‘Lo haré ya mismo’. No son tan conocidos como su famoso pariente e indudablemente todavía no resultan tan fuertes y poderosos.

Tal vez algún día, con su ayuda, tengan una incidencia mayor en el mundo.

"Roguemos que 'No puedo' descanse en paz y que; en su ausencia, todos los presentes puedan hacerse cargo de sus vidas y avanzar. Amén."

Al oír la oración, me di cuenta de que esos alumnos nunca olvidarían ese día. La actividad era simbólica, una metáfora de la vida. Era una experiencia del lado derecho del cerebro que quedaría adherida a la mente inconsciente y consciente para siempre.

Escribir los "No puedo", enterrarlos y escuchar la oración. Era un esfuerzo muy grande por parte de esta maestra. Y todavía no había terminado. Al término del panegírico, llevó a los alumnos nuevamente a la clase e hicieron un festejo.

Celebraron la muerte de "No puedo" con masitas, pochoclo y jugos de frutas. Como parte de la celebración, Donna cortó una gran lápida en papel y escribió las palabras "No puedo" arriba y en el medio RIP. Abajo, agregó la fecha.

La lápida de papel quedó en el aula de Donna durante el resto del año. En las escasas ocasiones en que un alumno se olvidaba y decía: "No puedo", Donna simplemente señalaba el cartel. El alumno recordaba entonces que "No puedo" estaba muerto y optaba por reformular su afirmación.

Yo no era alumno de Donna. Ella sí era alumna mía. Sin embargo, ese día aprendí de ella una lección perdurable.

Ahora, años más tarde, cada vez que oigo "No puedo", veo las imágenes de ese funeral de cuarto grado. Como los alumnos, me acuerdo de que "No puedo" murió.

Chick Moorman

La historia 333

Ese fin de semana, hacía un seminario en la Posada Deerhurst, al norte de Toronto. El viernes a la noche, un tornado asoló una localidad llamada Barrie, al norte de donde estábamos, y provocó la muerte de docenas de personas y causó daños por millones de dólares. El domingo a la noche, cuando volvía de regreso a casa, al llegar a Barrie detuve el auto. Bajé a la orilla de la autopista y miré en derredor. Era un desastre. Todo lo que se veía eran casas deshechas y autos volcados.

Esa misma noche, Bob Templeton iba por la misma autopista. Se detuvo para mirar el desastre igual que yo, sólo que sus pensamientos fueron distintos de los míos. Bob era vicepresidente de Telemedia Communications, empresa dueña de una cadena de emisoras de radio en Ontario y Quebec. Él pensó que seguramente algo podría hacer por esa gente con las radios que tenían en la empresa.

A la noche siguiente, yo tenía otro seminario en Toronto. Bob Templeton y Bob Johnson, otro vicepresidente de Telemedia, vinieron y se quedaron de pie al fondo de la sala. Los dos estaban convencidos de que tenía que haber algo que pudieran hacer por la gente de Barrie. Después del seminario, fuimos todos a la oficina de Bob. A esa altura, ya estaba empeñado en la idea de ayudar a la gente que había sido afectada por el tornado.

El viernes siguiente, reunió a todos los ejecutivos de Telemedia en su oficina. En la parte superior de una hoja apoyada en un caballete escribió tres 3. Les dijo entonces a sus ejecutivos: —¿Les gustaría reunir 3 millones de dólares, en 3 días a partir de ahora, en apenas 3 horas y darle el dinero al pueblo de Barrie?. —En la sala sólo se hizo un gran silencio.

Al final, alguien dijo:

—Templeton, estás loco. No hay manera de hacerlo.

—Espera un momento —dijo Bob—. No pregunté si podíamos, ni siquiera si debíamos. Simplemente les pregunté si les gustaría.

—Por supuesto que sí —dijeron todos. Entonces, dibujó una gran T debajo de los 333. De un lado escribió: "Por qué no podemos", del otro: "Cómo podemos".

—Pondré una X grande del lado de "Por qué no podemos". No vamos a perder tiempo en esto. No tiene ningún sentido. Del otro lado, vamos a escribir todas las ideas que se nos ocurran sobre la manera en que podemos hacerlo. Y no nos iremos de aquí hasta que salga una buena idea.

Volvió a hacerse un silencio. Finalmente, alguien dijo:

—Podríamos hacer un programa de radio en todo Canadá.

—Es una gran idea —dijo Bob, y la escribió.

No había terminado de escribirla cuando alguien dijo:

—No puedes hacer un programa para todo Canadá. No tenemos emisoras en todo Canadá.

Era una objeción absolutamente válida. Sólo tenían estaciones de radio en Ontario y Quebec.

Templeton respondió:

—Eso es lo que podemos, de modo que queda. —Pero en realidad era una objeción sólida porque las radios son muy competitivas. Normalmente no trabajan juntas y lograr que lo hagan es virtualmente imposible, dados los criterios en vigor.

De repente, alguien sugirió:

—Podríamos pedirles a Harvey Kirk y Lloyd Robertson que hagan el programa. Son los principales nombres de la radiodifusión canadiense.

Al llegar a ese punto ya era increíblemente asombroso con qué rapidez y entusiasmo empezaban a fluir ideas creativas.

Eso fue un viernes. Para el martes siguiente, habían conseguido que cincuenta emisoras de radio de todo el país emitieran el programa. No importaba de quién era el mérito en tanto la gente de Barrie obtuviera el dinero. Harvey Kirk y Lloyd Robertson presentaron el programa y lograron reunir 3 millones de dólares en 3 horas durante 3 días laborables.

Como vemos, podemos hacer cualquier cosa si nos concentramos en cómo hacerla y no en por qué no podemos hacerla.

Bob Proctor

Pide, pide, pide

A la mejor vendedora del mundo, ahora no le importa que le digan que es una chica. Es que desde chica, Markita Andrews generó más de ochenta mil dólares vendiendo galletitas Girl Scout.

Yendo de puerta en puerta, la penosamente tímida Markita se transformó en una máquina de vender galletitas cuando, a los trece años, descubrió el secreto de la venta.

Empieza con el deseo. Un deseo ardiente, que consume.

El sueño de Markita y de su madre, que trabajaba como mesera en Nueva York desde que el marido las dejó cuando la niña tenía ocho años, era viajar por el mundo.

—Trabajaré mucho y ganaré dinero suficiente para mandarte a la universidad —dijo un día su madre—. Estudiarás y cuando te recibas, ganarás el dinero necesario para que viajemos las dos por el mundo. ¿De acuerdo?

Así, a los trece años, cuando Markita leyó en su revista Girl Scout que la scout que vendiera más galletitas ganaría un viaje por el mundo con todos los gastos pagos para dos, decidió vender todas las galletitas posibles, más galletitas Girl Scout de las que había vendido nadie hasta ese momento.

Pero el deseo solo no basta. Para que su sueño se hiciera realidad, Markita sabía que necesitaba un plan.

Su tía le aconsejó:

—Usa siempre el atuendo correcto, tu ropa profesional. Cuando haces negocios, vístete para hacer negocios. Lleva tu uniforme de Girl Scout. Cuando vayas a ver a la gente en sus edificios de departamentos a las cuatro y media o las seis y media y especialmente el viernes a la noche, busca un pedido grande. Sonríe siempre, y compren o no, sé siempre simpática. Y no les pidas que compren tus galletitas; pídeles que inviertan.

Muchas otras scouts debían querer también ese viaje por el mundo. Muchas otras scouts tendrían un plan. Pero solamente Markita salía con su uniforme todos los días después del colegio, lista para pedir, y no dejar de pedir a la gente que invirtiera en su sueño. "Hola. Tengo un sueño. Vendiendo galletitas Girl Scout me gano un viaje por el mundo para mamá y para mí —decía en cada puerta—. ¿Le gustaría invertir en una caja de una o dos docenas de galletitas?

Ese año, Markita vendió tres mil quinientos veintiséis cajas de galletitas Girl Scout y ganó el viaje por el mundo. Desde entonces, vendió más de cuarenta y dos mil cajas de galletitas Girl Scout, habló en convenciones de ventas en todo el país, fue protagonista de una película de Disney sobre su aventura y escribió en colaboración el best seller, *How to Sell More Cookies, Cadillacs, Computers... And Everything Else.* (Cómo vender más galletitas, Cadillacs, computadoras... y todo lo demás.)

Markita no es más inteligente ni más extravertida que miles de otras personas, jóvenes y viejas, cada una con sus propios sueños. La diferencia es que Markita descubrió el secreto de vender: ¡Pide, pide, pide! Muchos fracasan antes de empezar siquiera porque no piden lo que quieren. El temor al rechazo nos lleva a muchos de nosotros a rechazarnos a nosotros mismos y a nuestros sueños mucho antes de que otro tenga la posibilidad de hacerlo. Al margen de lo que vendamos.

Y todos vendemos algo. "Nos vendemos todos los días: en la escuela, a nuestro jefe, a la gente nueva que conocemos", decía Markita a los catorce años. "Mi madre es mesera: vende el menú del día. Venden los intendentes y los presidentes que tratan de conseguir votos... Una de mis profesoras favoritas era la Sra. Chapin. Hacía que la geografía fuera interesante, y eso es en realidad vender... Mire donde mire, veo ventas. Vender es parte de todo el mundo."

Hace falta valor para pedir lo que queremos. El valor no es la ausencia de miedo. Es hacer lo necesario, pese a nuestro miedo. Y, como bien descubrió Markita, cuanto más pedimos, más fácil (y más divertido) resulta.

Una vez, en un programa de TV en vivo, el productor decidió presentarle a Markita su desafío más duro. Le pidió que vendiera galletitas Girl Scout a otro invitado del programa.

—¿Le gustaría invertir en cajas de una docena o dos de galletitas Girl Scout? —pidió.

—¡¿Galletitas Girl Scout?! ¡Yo no compro galletitas Girl Scout! —respondió el invitado—. Soy guardia de la Penitenciaría Federal. Todas las noches vigilo a dos mil violadores, ladrones, criminales, asaltantes y golpeadores.

Sin pestañear, Markita replicó al instante:

—Señor, si come una de estas galletitas, tal vez deje de estar tan resentido y enojado. Y, señor, creo que sería una buena idea que les llevara también de estas galletitas para sus dos mil presos.

Markita pidió.

El guardia hizo un cheque.

Jack Canfield y Mark V. Hansen

¿La Tierra se movió para ti?

Angela, de once años, fue víctima de una enfermedad debilitante que afectó su sistema nervioso. No podía caminar y su movimiento también se vio restringido de otras maneras. Los médicos no tenían demasiadas esperanzas de que se recuperara. Suponían que pasaría el resto de su vida en una silla de ruedas. Dijeron que eran muy pocos, si es que los había, los que pudieron volver a la normalidad después de contraer la enfermedad. La chiquita no se dejó intimidar. Allí, acostada en su cama de hospital, le decía a todo el que quisiera escucharla que algún día iba a volver a caminar.

La trasladaron a un hospital especializado en rehabilitación en la zona de la Bahía de San Francisco. Se utilizaron todas las terapias que podían aplicarse a su caso. Los terapeutas estaban encantados con su espíritu invencible. Le enseñaron a visualizar, a verse a sí misma caminando. Si no le servía para otra cosa, al menos le daría esperanza y algo positivo para hacer en las largas horas de vigilia en su cama. Angela hacía todos los esfuerzos posibles en la terapia física, en los aparatos y en las sesiones de ejercicio. Pero trabajaba con igual intensidad acostada en la cama, haciendo su visualización, imaginando que se movía, se movía, se movía.

Un día, mientras se esforzaba con todo su empeño en imaginar sus piernas otra vez en movimiento, se produjo una especie de milagro: ¡la cama se movió! Empezó a moverse por la habitación. Angela gritaba: "¡Miren lo que hago! ¡Miren! ¡Miren! ¡Puedo hacerlo! ¡Me moví, me moví!"

Por supuesto, en ese preciso instante todos en el hospital gritaban también, y corrían a buscar refugio. La gente gritaba, se caían los aparatos y se rompían vidrios. Claro, era un terremoto en San Francisco. Pero no se lo digan a Angela. Ella está convencida de que lo hizo. Y ahora, apenas unos años más tarde, está de vuelta en el colegio. Sobre sus dos piernas. Sin muletas, sin silla de ruedas. Ven, cualquiera que sea capaz de sacudir la tierra entre San Francisco y Oakland puede vencer a una enfermedad insignificante, ¿no?

Hanoch McCarty

El *sticker* pacificador de Tommy

Un chiquito que venía a nuestra iglesia en Huntington Beach se acercó un día después de oírme hablar del Banco de los Niños. Me estrechó la mano y dijo:

—Me llamo Tommy Tighe, tengo seis años y quiero pedir un préstamo en su Banco de los Niños.

—Ése es uno de mis objetivos, Tommy —le dije—, prestar dinero a los niños. Y hasta ahora todos los chicos lo han devuelto. ¿Qué quieres hacer?

—Desde que tenía cuatro años —dijo— tengo la idea de que puedo lograr paz en el mundo. Quiero hacer un *sticker* que diga: "¡PAZ, POR FAVOR! ¡HÁGANLO POR NOSOTROS LOS NIÑOS!", firmado: "Tommy".

—Yo puedo respaldarlo —dije.

Necesitaba cuatrocientos cincuenta y cuatro dólares para producir mil adhesivos. La Fundación de Mark Víctor Hansen para la Libre Empresa Infantil libró un cheque al dueño de la imprenta que hizo los adhesivos.

El padre de Tommy me susurró al oído:

—Si no devuelve el préstamo, ¿le embargará la bicicleta?

—No, toco madera —dije—, todos los chicos nacen con honestidad, moralidad y ética. Hay que enseñarles algo más. Yo creo que nos devolverá el dinero.

Si usted tiene un hijo de más de nueve años, permítale t-r-a-b-a-j-a-r por d-i-n-e-r-o para algo honesto, moral y ético y de esa manera podrá aprender los principios temprano en la vida.

Le dimos a Tommy una copia de todas mis cintas y las escuchó veintiún veces cada una y se apropió del material. Como dice: "Empieza siempre a vender en la cima", Tommy convenció a su padre de que lo llevara hasta la casa de Ronald Reagan. Tommy tocó el timbre y salió el portero. Tommy hizo una presentación de venta irresistible, de dos minutos sobre su *sticker*. El portero deslizó la mano en su bolsillo, le dio 1,50 dólares a Tommy y dijo: "Quiero uno de éstos. Espera y llamaré al ex presidente".

—¿Por qué le pediste que te comprara uno? —pregunté a Tommy.

—En las cintas usted dice que hay que ofrecerle las cosas a todo el mundo —dijo—. Yo lo hice, yo lo hice. Soy culpable.

Le envió un *sticker* a Mikhail Gorbachov con una factura por 1,50 dólares en títulos norteamericanos. Gorbachov le envió 1,50 dólares y una foto que decía: "Busca la paz, Tommy", y la firma: Mikhail Gorbachov, Presidente.

Como colecciono autógrafos, le dije a Tommy:

—Te daré quinientos dólares por el autógrafo de Gorbachov.

—No, gracias, Mark —dijo.

—Tommy, soy dueño de varias empresas —le dije. Cuando seas grande, quiero contratarte.

—¿Está bromeando? —respondió—. Cuando yo sea grande, lo contrataré a usted.

La edición del domingo del *Orange County Register* sacó una nota que hacía referencia a la historia de Tommy, al Banco de los Niños para la Libre Empresa y a mí. Marty Shaw, el periodista, entrevistó a Tommy durante seis horas y escribió una entrevista fenomenal. Marty le preguntó a Tommy cuál creía que sería su impacto en la paz mundial.

—Creo que todavía no soy bastante grande —dijo—; creo que para frenar todas las guerras del mundo hay que tener ocho o nueve años.

Tres días más tarde, recibí una llamada de la compañía de tarjetas Hallmark. Una licenciataria había enviado por fax una copia del artículo del *Register*. Tenían una convención en San Francisco y querían que Tommy hablara. Después de todo, veían que Tommy se había fijado nueve objetivos:

1. Averiguar costos.
2. Hacer imprimir el *sticker*.
3. Hacer un plan de crédito.
4. Ver cómo informar a la gente.
5. Conseguir dirección de dirigentes.
6. Escribir una carta a todos los presidentes y dirigentes de otros países y enviarles un *sticker* gratis.
7. Hablar con todo el mundo sobre la paz.
8. Llamar al diario y hablar de mi actividad.
9. Tener una charla en el colegio.

Hallmark quería que mi empresa, Mira Quién Habla, contratara a Tommy para hablar. Si bien la charla no tuvo lugar porque el plazo de dos semanas era muy breve, la negociación entre Hallmark, Tommy y yo fue muy divertida, estimulante y sólida.

Joan Rivers llamó a Tommy Tighe para que se presentara en su programa de televisión. Alguien le había enviado también a ella una copia de la entrevista con Tommy aparecida en el *Register*.

—Tommy —dijo Joan—, habla Joan Rivers y quiero que vengas a mi programa de TV que ven millones de personas.

—¡Fantástico! —dijo Tommy. No tenía idea de quién era.

—Te pagaré trescientos dólares —dijo Joan.

—¡Fantástico! —dijo Tommy. Después de haber oído y manejado muchas veces mis cintas de *Sell Yourself Rich*, Tommy siguió vendiéndole a Joan al decirle: —Tengo nada más que ocho años, así que no puedo ir solo. ¿Puede pagarle a mamá también, Joan?

—¡Sí! —respondió Joan.

—Ya que estamos, estuve mirando *Lifestyles of the Rich and Famous* en la televisión y decían que cuando uno está en Nueva York hay que ir al Plaza. ¿Usted puede arreglarlo, Joan?

—Sí —respondió.

—En el programa decía que en Nueva York hay que ir a visitar el Empire State y la Estatua de la Libertad. ¿Puede conseguirnos entradas, no?

—Sí...

—Fantástico. ¿Le dije que mamá no maneja? Así que podremos usar su limusina, ¿no?

—Claro —dijo Joan.

Tommy fue al programa de Joan Rivers y conquistó a Joan, al equipo de camarógrafos y al público de la sala y a los telespectadores. Salió lindo, interesante, auténtico y su debut fue muy bueno. Contó historias tan cautivantes y convincentes que el público empezó allí mismo a sacar dinero de la billetera para comprar un *sticker*.

Al final del show, Joan se inclinó y le preguntó:

—Tommy, ¿realmente crees que tu *sticker* va a traer paz al mundo?

Con una sonrisa radiante y lleno de entusiasmo, Tommy dijo:

—Hasta ahora, llevo apenas dos años y ya cayó el Muro de Berlín. Me va muy bien, ¿no le parece?

Mark V. Hansen

¡PAZ POR FAVOR!
Háganlo por nosotros los
NIÑOS. Tommy

*Hasta el momento, Tommy vendió más de dos mil quinientos de sus *stickers* y devolvió su préstamo de cuatrocientos cincuenta y cuatro dólares al Banco de los Niños para la Libre Empresa de Mark Victor Hansen. Si desea pedir *stickers* de Tommy, envíe tres dólares a Tommy Tigh, 17283 Ward Street, Fountain Valley, CA 92708.

Si no pides, no recibes, pero si lo haces, sí

Mi mujer Linda y yo vivimos en Miami, Florida. Acabábamos de iniciar nuestro programa de formación de la autoestima llamado Pequeñas Bellotas para enseñar a los niños cómo decir no a las drogas, a la promiscuidad sexual y a otros comportamientos autodestructivos, cuando recibimos un folleto sobre un congreso educativo a realizarse en San Diego. Al leerlo, nos dimos cuenta de que iba a estar todo el mundo allí y que debíamos ir. Pero no veíamos cómo. Recién empezábamos, trabajábamos mucho fuera de casa y habíamos agotado nuestros ahorros personales en las etapas iniciales del trabajo. Era imposible comprar los pasajes de avión o afrontar cualquier otro gasto. Pero sabíamos que teníamos que estar allí, así que empezamos a pedir.

Lo primero que hice fue llamar a los coordinadores del congreso en San Diego, explicarles por qué teníamos que ir y pedirles que nos dieran la matrícula gratis. Cuando expliqué nuestra situación, qué hacíamos y por qué necesitábamos estar presentes, dijeron que sí. De modo que ya teníamos la entrada.

Le dije a Linda que había conseguido la inscripción y que podíamos asistir al congreso.

—¡Estupendo! —dijo Linda—, pero estamos en Miami y el congreso es en San Diego. ¿Ahora qué hacemos?

—Tenemos que conseguir el transporte —dije. Y llamé a una línea aérea que en ese momento marchaba muy bien, la Northeast Airlines. La mujer que me atendió resultó ser la secretaria del presidente, de modo que le contesté lo que necesitaba. Me comunicó directamente con el presidente, Steve Quinto. Le expliqué que acababa de hablar con la gente del congreso en San Diego, que nos habían dado la inscripción gratis, pero que no teníamos cómo ir y si no donaría dos pasajes ida y vuelta Miami-San Diego.

—Por supuesto —dijo, sin más. Fue así de rápido y lo que añadió a continuación me dejó helado—. Gracias por pedírmelo —dijo.

—¿Cómo? —pregunté.

—No muchas veces tengo la oportunidad de hacer algo por los demás, a menos que alguien me lo pida. Lo mejor que puedo hacer es dar algo y usted me pidió que lo hiciera. Es una linda oportunidad y quiero agradecérsela.

No podía creerlo, pero le di las gracias y colgué el auricular. Miré a mi mujer y le dije:

—Querida, tenemos los pasajes de avión.

—¡Fantástico! —dijo—. ¿Y dónde nos alojamos?

Después llamé al Holiday Inn del centro de Miami y pregunté dónde estaba su casa central. Me dijeron que en Memphis, Tennessee, de modo que llamé y me derivaron a la persona con la cual necesitaba hablar. Era alguien en San Francisco. Controlaba todos los Holiday Inns de California. Le expliqué entonces que habíamos conseguido nuestros pasajes de avión a través de la empresa aérea y le pedí si podía ayudarnos de alguna manera con el alojamiento durante los tres días. Me preguntó si no había inconveniente en que nos ubicara en su nuevo hotel, en el centro de San Diego.

—Sí, perfecto —dije.

—Espere un minuto —dijo—. Tengo que advertirle que el hotel está a unos cincuenta kilómetros del campus universitario donde se realizan las conferencias, o sea que tendrán que ver cómo llegar hasta allí.

—Ya pensaré si tengo que comprar un caballo —le contesté.

Le di las gracias y le dije a Linda: —Bueno, querida, tenemos la entrada, tenemos los pasajes de avión y tenemos un lugar para alojarnos. Lo que necesitamos ahora es una manera de trasladarnos del hotel al campus dos veces por día.

Entonces llamé a la Asociación de Alquiler de Autos, les conté la historia y les pregunté si podían ayudarme.

—¿Se arreglaría con un Oldsmobile del 88? —dijeron. Contesté que sí.

En un día habíamos armado todo.

Terminamos comprándonos la comida, pero antes de que terminara el congreso, me levanté, conté esta historia en una de las asambleas generales y dije:

—Si alguien se ofrece voluntariamente para llevarnos a comer, estaremos profundamente agradecidos.

Alrededor de cincuenta personas saltaron y se ofrecieron como voluntarias, de modo que terminamos recibiendo también algunas de nuestras comidas.

Lo pasamos bárbaro, aprendimos muchísimo y nos conectamos con gente como Jack Canfield, que todavía está en nuestra junta asesora. Cuando volvimos, lanzamos el programa que ha ido creciendo en un ciento por ciento cada año. En junio pasado, se graduó nuestra familia número dos mil doscientos cincuenta en el curso de Pequeñas Bellotas. También organizamos dos seminarios importantes para educadores llamados *Making The World Safe For Children*, a los que invitamos a gente de todo el mundo. Miles de educadores vinieron en busca de ideas para hacer los cursos de formación de la autoestima en sus aulas mientras enseñan.

La última vez que patrocinamos un seminario invitamos a educadores de ochenta y un países. Diecisiete naciones enviaron representantes, incluidos algunos ministros de educación. A partir de ese momento, hemos recibido invitaciones para llevar nuestro programa a los siguientes lugares: Rusia, Ucrania, Bielorrusia, Gelaruth,

Kazakhstán, Mongolia, Taiwan, las Islas Cook y Nueva Zelandia.

Como ven, podemos conseguir cualquier cosa que queramos si se lo pedimos a la gente apropiada.

Rick Gelinas

La búsqueda de Rick Little

A las cinco de la mañana, Rick Little se durmió al volante de su auto, se trepó a un montículo de tres metros y se estrelló contra un árbol. Pasó los siguientes seis meses inmovilizado con la columna rota. De repente, tenía muchísimo tiempo para reflexionar a fondo sobre su vida, algo para lo cual los trece años de su educación no lo habían preparado. Apenas dos semanas después de dejar el hospital, una tarde, al volver a su casa encontró a su madre en el piso casi inconsciente por una sobredosis de pastillas para dormir. Rick volvió a experimentar lo poco que lo había preparado su educación formal para enfrentar los problemas sociales y emocionales de su vida.

Durante los meses siguientes, Rick empezó a formular una idea: el desarrollo de un curso para equipar a los alumnos con una alta autoestima, técnicas para relacionarse y para manejar conflictos. Cuando Rick empezó a investigar qué debía contener un curso de ese tipo, descubrió un estudio del Instituto Nacional de Educación, en el cual se había preguntado a mil personas de treinta años si consideraban que la educación del colegio secundario les había dado las capacidades que necesitaban para el mundo real. Más de un ochenta por ciento respondió: "Para nada".

También se les preguntó qué capacidades les habría gustado que les enseñaran. Las respuestas dominantes tenían que ver con las relaciones: Cómo llevarse mejor con las personas que viven con nosotros. Cómo encontrar y conservar un empleo. Cómo manejar los conflictos. Cómo ser un buen padre, o una buena madre. Cómo entender el desarrollo normal de un niño. Cómo afrontar la administración financiera. Y cómo intuir el sentido de la vida.

Inspirado por su visión de crear un curso que pudiera enseñar estas cosas, Rick abandonó la universidad y empezó a recorrer el país para entrevistar a estudiantes del secundario. En su búsqueda de información sobre lo que debía incluirse en el curso, formuló las mismas dos preguntas a dos mil estudiantes de ciento veinte colegios secundarios:

1. Si tuvieras que elaborar un programa para que la escuela te ayudara a manejar lo que enfrentas ahora y lo que crees que enfrentarás en el futuro, ¿qué incluiría dicho programa?
2. Enumera los diez principales problemas de tu vida que desearías que se trataran mejor, tanto en tu casa como en la escuela.

Más allá de que los alumnos fueran de colegios privados de alto nivel o de guetos en el interior de las ciudades; del campo o de los suburbios, las respuestas coincidían de una manera asombrosa. La soledad y el poco aprecio por sí mismo encabezaban la lista de problemas. Además, las mismas listas de capacidades que lamentaban no haber desarrollado en el colegio eran las mismas que las reunidas por los de treinta años.

Rick durmió en su auto durante dos meses, viviendo con un total de sesenta dólares. La mayoría de los días comía galletitas untadas con manteca de maní. Algunos días ni siquiera comía. Tenía pocos recursos, pero estaba empeñado en concretar su sueño.

Su siguiente paso fue hacer una lista de los principales educadores y líderes en asesoramiento y psicología de todo el país. Empezó a visitar a cada uno para pedirles su apoyo y su consejo. Si bien el enfoque los impresionaba (eso de preguntar directamente a los estudiantes qué querían aprender), la ayuda que le brindaron fue escasa. "Eres muy joven. Vuelve a la universidad. Recíbete. Haz un estudio de posgrado y después continúa con esto." Fueron menos que alentadores.

No obstante, Rick persistió. Para cuando cumplió los veinte, había vendido el auto, la ropa, les había pedido dinero prestado a sus amigos y tenía una deuda de treinta y dos mil dólares. Alguien le sugirió que se dirigiera a una fundación y pidiera dinero.

Su primera cita, en una fundación local, resultó una enorme decepción. Al entrar en la oficina, Rick temblaba de miedo. El vicepresidente era un hombre grandote, de pelo oscuro, con una cara severa y fría. Durante media hora estuvo sentado sin abrir la boca mientras Rick volcaba su corazón hablando de su madre, de los dos mil chicos y sus proyectos de una nueva forma de educación para los alumnos del secundario.

Al terminar, el vicepresidente empujó una pila de carpetas.

—Mira hijo —dijo—. Llevo más de veinte años en esto. Hemos patrocinado todos estos programas de educación. Y todos fracasaron. El tuyo también fracasará. ¿Los motivos? Son obvios. Tienes veinte años, no tienes ni experiencia, ni dinero, ni título universitario. ¡Nada!

Al abandonar la oficina de la fundación, Rick estaba empeñado en probar que este hombre se equivocaba. Rick empezó a averiguar qué fundaciones se interesaban en subsidiar proyectos para adolescentes. Pasó entonces varios meses escribiendo propuestas de subsidios. Trabajaba desde la mañana temprano hasta bien entrada la noche. Durante más de un año estuvo escribiendo laboriosamente las propuestas, cada una pensada con sumo cuidado de acuerdo con los intereses y exigencias de las fundaciones individuales. Todas fueron presentadas con muchas esperanzas y todas fueron devueltas, rechazadas.

Una propuesta tras otra salió y volvió. Por último, cuando los rechazos sumaban ciento cincuenta y cinco, también el respaldo que tenía Rick empezó a tambalearse. Los padres le rogaban que volviera a la universidad y Ken Green, un educador que había dejado de lado su trabajo para ayudar a Rick a redactar las propuestas, le dijo:

—Rick, ya no me queda más dinero y tengo mujer e hijos que mantener. Esperaré una respuesta más. Pero es la definitiva. Si no funciona tendré que volver a Toledo a enseñar.

Rick tenía una última oportunidad. Animado por la desesperación y la convicción, se las arregló para abrirse paso entre varias secretarias y consiguió una cita para almorzar con el Dr. Russ Mawby, presidente de la Fundación Kellogg. Cuando iban a almorzar pasaron por un puesto de helados. "¿Quieres uno?", le preguntó Mawby. Rick asintió. Pero su ansiedad le jugó una mala pasada. Aplastó el cucurucho en la mano y con el helado de chocolate chorreándole entre los dedos, hizo un esfuerzo subrepticio y frenético por limpiárselo antes de que el Dr. Mawby pudiera notar lo que había pasado. Pero Mawby lo vio, y soltando una carcajada, caminó hasta el mostrador y volvió con un puñado de servilletas de papel para Rick.

El muchacho subió al auto sintiéndose un absoluto infeliz y con la cara enrojecida. ¿Cómo podía pedir fondos para un programa educativo nuevo si ni siquiera podía manejar un cucurucho de helado?

Dos semanas más tarde, recibió una llamada de Mawby.

—Habías pedido cincuenta y cinco mil dólares. Lo siento, pero los directores votaron en contra. —Rick sintió que se le agolpaban lágrimas en los ojos. Durante dos años había trabajado para un sueño que ahora se evaporaba.

—Lo que votaron por unanimidad los directores —dijo Mawby— es darte ciento treinta mil dólares.

Ahora sí le brotaron las lágrimas. Rick apenas pudo balbucear un gracias.

Desde entonces, Rick Little ha reunido más de un millón de dólares para financiar su sueño. Los *Quest Skills Programs* se enseñan en más de treinta mil escuelas en los cincuenta estados y en otros treinta y dos países. Tres millones de chicos reciben cada año importantes enseñanzas para la vida porque un muchacho de diecinueve años se negó a aceptar un "no" por respuesta.

En 1989, dado el increíble éxito de *Quest*, Rick Little amplió su sueño y recibió un subsidio de sesenta y cinco millones, el segundo en importancia acordado en la historia de los Estados Unidos, para crear la *International Youth Foundation*. El objetivo de esta fundación es identificar y difundir programas buenos para la juventud en todo el mundo.

La vida de Rick Little es un testimonio del poder del compromiso con una visión elevada combinado con la voluntad de insistir hasta que el sueño se concreta.

Adaptado de
Peggy Mann

La magia de creer

No tengo edad suficiente para jugar al béisbol o al fútbol. Todavía no cumplí los ocho. Mamá me dijo que cuando empiece a jugar al béisbol, no voy a poder correr muy rápido porque tuve una operación. Yo le dije a mamá que no voy a necesitar correr muy rápido. Cuando juegue al béisbol, voy a sacarlos a todos del campo. Después voy a poder caminar.

Edward J. McGrath, Jr.
"Una visión excepcional de la vida"

El libro de las metas de Glenna

En 1977, yo era una madre sola con tres hijas jóvenes, la hipoteca de una casa, las cuotas de un auto y la necesidad de reavivar algunos sueños.

Una noche, asistí a un seminario y oí a un hombre que hablaba del Principio I + I = R. (Imaginación + Intensidad, igual a Realidad). El orador señaló que la mente piensa en imágenes, no en palabras. Y cuando imaginamos vívidamente en nuestra mente lo que deseamos, se vuelve realidad.

Este concepto hizo vibrar una cuerda de creatividad en mi corazón. Conocía la verdad bíblica de que el Señor nos da "lo que pida tu corazón" (Salmos 37:4) y que "como el hombre piensa en su corazón, así es" (Proverbios 23:7). Estaba decidida a tomar mi lista de ruegos y convertirla en imágenes. Empecé recortando revistas viejas y reuniendo fotos que describían lo que "pedía mi corazón". Las puse en un álbum muy caro y esperé ansioso.

Mis fotos eran muy específicas. Incluían:

1. Un hombre buen mozo.
2. Una mujer con vestido de novia y un hombre con esmoquin.
3. Ramos de flores (soy romántica).
4. Joyas de brillantes (pensé que Dios amó a David y Salomón y fueron dos de los hombres más ricos que han existido).

5. Una isla en el Caribe radiante.
6. Una casa linda.
7. Muebles nuevos.
8. Una mujer que era desde hacía poco tiempo vicepresidenta de una gran empresa. (Yo trabajaba para una empresa que no tenía mujeres en cargos directivos. Quería ser la primera mujer en el directorio de esa empresa).

Unas ocho semanas más tarde, iba por una carretera de California, pensando en mis cosas a las diez y media de la mañana. De pronto, me pasó un estupendo Cadillac rojo y blanco. Miré el auto porque era lindísimo. Y el conductor me miró y sonrió, y yo le devolví la sonrisa porque siempre sonrío. Claro que me metí en un problema. ¿Alguna vez hizo algo así? Traté de fingir que no había mirado. "¿Quién, yo? ¡Yo no te miré!" Me siguió veinticinco kilómetros. ¡Me asusté terriblemente! Yo avanzaba, él avanzaba. Estacionaba, él estacionaba... y ¡al final me casé con él!

Al día siguiente de nuestra primera cita, Jim me envió un ramo de rosas. Entonces, descubrí que tenía un hobby. Su hobby era coleccionar brillantes. ¡Grandes! Y buscaba a alguien para lucirlos. ¡Me ofrecí de voluntaria! Salimos durante casi dos años y todos los lunes a la mañana recibía de él una rosa roja de tallo largo y una nota.

Unos tres meses antes de casarnos, Jim me dijo: "Encontré el lugar ideal para nuestra luna de miel. Iremos a la isla St. John, en el Caribe". Riéndome, contesté: "¡Nunca se me hubiera ocurrido!"

No le confesé la verdad sobre mi libro de fotos hasta casi un año después de casados. Fue entonces cuando nos mudamos a nuestra nueva casa y la decoramos con los muebles elegantes que yo había imaginado. (Jim resultó ser el distribuidor mayorista para la costa oeste de una de las fábricas de muebles más finas que hay.)

Ya que estamos, la boda fue en Laguna Beach, California, e incluyó el vestido y el esmoquin como realidades.

Ocho meses después de haber creado mi libro de sueños, me nombraron vicepresidenta de Recursos Humanos en la empresa donde trabajaba.

Esto parece un cuento de hadas, pero es absolutamente cierto. Jim y yo hemos hecho muchos "libros de fotos" desde que nos casamos. Dios ha llenado nuestras vidas con la demostración de estos poderosos principios de fe en acción.

Decida qué quiere en cada área de su vida. Imagínelo con intensidad. Luego, actúe siguiendo sus deseos para construir en la realidad su libro de metas. Convierta sus ideas en realidades concretas a través de este simple ejercicio. No hay sueños imposibles. Y, recuerde, Dios prometió darles a sus hijos lo que su corazón pida.

Glenna Salsbury

Otro tilde en la lista

Una tarde lluviosa, sentado a la mesa familiar de su cocina en Los Ángeles, un chico de quince años llamado John Goddard escribió tres palabras en la parte superior de un block: "La lista de mi vida". Debajo de ese título anotó ciento veintisiete objetivos. Desde entonces, ya logró ciento ocho. Mire la lista de los objetivos de Goddard que aparecen a continuación. No son simples ni fáciles. Incluyen desde escalar las montañas más altas del mundo, explorar inmensos ríos o correr un kilómetro y medio en cinco minutos, hasta leer las obras completas de Shakespeare y toda la *Enciclopedia Británica*.

Explorar:

✔ 1. Río Nilo.
✔ 2. Río Amazonas
✔ 3. Río Congo
✔ 4. Río Colorado
5. Río Yangtse, China
6. Río Niger
7. Río Orinoco, Venezuela
✔ 8. Río Coco, Nicaragua

Estudiar las culturas primitivas en:

✔ 9. El Congo
✔ 10. Nueva Guinea
✔ 11. Brasil
✔ 12. Borneo
✔ 13. Sudán (John casi queda sepultado vivo en una tormenta de arena)
✔ 14. Australia
✔ 15. Kenya

✔ 16. Filipinas
✔ 17. Tanganika (ahora Tanzania)
✔ 18. Etiopía
✔ 19. Nigeria
✔ 20. Alaska

Escalar:

21. Monte Everest
22. Monte Aconcagua, Argentina
23. Monte McKinley
✔ 24. Monte Huascarán, Perú
✔ 25. Monte Kilimanjaro
✔ 26. Monte Ararat, Turquía
✔ 27. Monte Kenya
28. Monte Cook, Nueva Zelandia
✔ 29. Monte Popocatepetl, México
✔ 30. El Matterhorn
✔ 31. Monte Rainer
✔ 32. Monte Fuji
✔ 33. Monte Vesuvio
✔ 34. Monte Bromo, Java
✔ 35. Los Grand Tetons
✔ 36. Monte Baldy, California
✔ 37. Estudiar medicina y exploración (hizo los años introductorios de medicina y trata enfermedades entre tribus primitivas)
38. Visitar todos los países del mundo (le quedan treinta)
✔ 39. Estudiar a los indios Navajo y Hopi
✔ 40. Aprender a volar
✔ 41. Cabalgar en Rose Parade

Fotografía:

✔ 42. Cataratas del Iguazú, Brasil-Argentina
✔ 43. Cataratas Victoria, Rhodesia (perseguido en la ocasión por un jabalí salvaje)
✔ 44. Cataratas de Sutherland, Nueva Zelandia
✔ 45. Cataratas Yosemite
✔ 46. Cataratas del Niágara
✔ 47. Rehacer los viajes de Marco Polo y Alejandro Magno.

Explorar bajo el agua:

✔ 48. Arrecifes de coral de Florida
✔ 49. Arrecife de la Gran Barrera, Australia (fotografió una almeja de 150 kg)
✔ 50. Mar Rojo
✔ 51. Islas Fiji
✔ 52. Las Bahamas

✔ 53. Explorar los Pantanos de Okefenokee y Everglades

Visitar:

54. Polos Norte y Sur
✔ 55. Gran Muralla China.
✔ 56. Los Canales de Panamá y Suez
✔ 57. Isla de Pascua
✔ 58. Islas Galápagos
✔ 59. Ciudad del Vaticano (vio al Papa)
✔ 60. El Taj Mahal
✔ 61. La Torre Eiffel
✔ 62. La Gruta Azul
✔ 63. Torre de Londres
✔ 64. Torre inclinada de Pisa
✔ 65. Pozo Sagrado de Chichen-Itza, México
✔ 66. Escalar Ayers Rock en Australia
67. Seguir el Río Jordán del Mar de Galilea al Mar Muerto

Nadar en:

✔ 68. Lago Victoria
✔ 69. Lago Superior
✔ 70. Lago Tanganyika
✔ 71. Lago Titicaca, Sudamérica
✔ 72. Lago Nicaragua

Lograr:

✔ 73. Ser un *Eagle Scout*
✔ 74. Viajar en submarino
✔ 75. Aterrizar y despegar en un portaviones
✔ 76. Volar en un globo de aire caliente y en un planeador
✔ 77. Montar elefante, camello, avestruz y potro bronco
✔ 78. Bucear a cuarenta pies de profundidad y contener la respiración dos minutos y medio debajo del agua
✔ 79. Capturar una langosta de cinco kilos y un abalone de veinticinco centímetros
✔ 80. Tocar flauta y violín
✔ 81. Tipear cincuenta palabras por minuto
✔ 82. Saltar en paracaídas
✔ 83. Aprender a esquiar en la nieve y en el agua
✔ 84. Misionar
✔ 85. Hacer el recorrido de John Muir
✔ 86. Estudiar medicinas nativas y recuperar las útiles
✔ 87. Sacar fotos de elefantes, leones, rinocerontes, leopardos, búfalos y ballenas

✔ 88. Aprender a saltar vallas a caballo
✔ 89. Aprender jujitsu
✔ 90. Dictar un curso en la universidad
✔ 91. Ver una ceremonia de cremación en Bali
✔ 92. Explorar las profundidades del mar
93. Aparecer en una película de Tarzán (Ahora le parece un sueño infantil irrelevante)
94. Tener un caballo, un mono, un leopardo, un ocelote y un coyote (Todavía le falta tener un mono y un leopardo)
95. Ser operador de radio
✔ 96. Construir un telescopio propio
✔ 97. Escribir un libro (sobre el viaje al Nilo)
✔ 98. Publicar un artículo en la revista *National Geographic*
✔ 99. Saltar en alto hasta un metro cincuenta
✔100. Saltar en largo cuatro metros y medio
✔101. Correr un kilómetro y medio en cinco minutos
✔102. Pesar ochenta kilos desnudo (todavía los pesa)
✔103. Hacer doscientos abdominales y veinte flexiones en el piso
✔104. Aprender francés, español y árabe
105. Estudiar lagartos en la isla Komodo (El barco se rompió a veinte millas de la isla)
✔106. Visitar el lugar de nacimiento de abuelo Sorenson en Dinamarca
✔107. Visitar el lugar de nacimiento de abuelo Goddard, en Inglaterra
✔108. Viajar en un carguero como marinero
109. Leer toda la Enciclopedia Británica (Ha leído partes extensas de cada volumen)
✔110. Leer la Biblia desde el principio al fin
✔111. Leer las obras de Shakespeare, Platón, Aristóteles, Dickens, Thoreau,

Poe, Rousseau, Bacon, Hemingway, Twain, Burroughs, Conrad, Talmage, Tolstoi, Longfellow, Keats, Whittier y Emerson (No ha leído todas las obras de todos)

✔112. Conocer las composiciones de Bach, Beethoven, Debussy, Ibert, Mendelssohn, Lalo, Rimski-Korsakov, Respighi, Liszt, Rachmaninoff, Stravinsky, Toch, Tchaicovsky, Verdi

✔113. Adquirir destreza en avión, moto, tractor, tabla de surf, rifle, pistola, canoa, microscopio, fútbol, básquetbol, arco y flecha, lazo y bumerán

✔114. Componer música

✔115. Tocar el *Claro de Luna* en el piano

✔116. Asistir a una ceremonia en la que caminen sobre brasas (En Bali y Surinam)

✔117. Extraerle el veneno a una víbora (Lo mordió una víbora cascabel durante una sesión de fotos)

✔118. Encender un fósforo con un rifle 22

✔119. Visitar un estudio de cine

✔120. Subir a la pirámide de Keops

✔121. Ser miembro del Club de Exploradores y del Club de Aventureros

✔122. Aprender a jugar al polo

✔123. Viajar por el Gran Cañón a pie y en bote

✔124. Dar la vuelta al mundo en globo (cuatro veces)

125. Visitar la luna (Algún día si Dios quiere)

✔126. Matrimonio e hijos (Tiene cinco hijos)

127. Vivir para ver el siglo XXI (Va a tener setenta y cinco años)

John Goddard

¡Atención, nena, soy tu amorcito!

Es mejor estar preparados para una oportunidad y no tenerla y no tener una oportunidad y no estar preparados.

Whitney Young, Jr.

Les Brown y su hermano mellizo fueron adoptados por Mamie Brown, una empleada de cocina y mucama, poco después de su nacimiento en un barrio pobre de Miami.

Como Les era hiperactivo y no paraba de hablar, lo inscribieron en cursos de educación especial para chicos discapacitados en la primaria y durante toda la secundaria. Al terminar, se capacitó para trabajar en el área de higiene pública en Miami Beach. Pero su sueño era ser disc jockey.

A la noche, se llevaba la radio de transistores a la cama donde escuchaba los programas de música de onda. Creaba una emisora de radio imaginaria en su pequeño cuarto con su piso de vinílico arruinado. Un cepillo para el pelo le servía de micrófono mientras practicaba su charla para presentar los discos a sus oyentes fantasmas.

La madre y el hermano lo oían a través de las paredes delgadas y le gritaban que dejara de parlotear y se fuera a dormir. Pero no les hacía caso. Estaba en su propio mundo, vivía su sueño.

Un día, durante su pausa de mediodía en su tarea de cortar el césped para el municipio, Les fue con valentía a la radio local. Llegó a la oficina del gerente de la emisora y le dijo que quería ser disc jockey.

El gerente miró a este muchacho desaliñado, vestido con mameluco y sombrero de paja y preguntó:

—¿Tienes algún antecedente en radiodifusión?

—No, señor, no —respondió Les.

—Bueno, hijo, me temo que no tenemos trabajo para ti, entonces.

Les le dio las gracias cortésmente y se fue. El gerente de la radio supuso que había visto a ese muchacho por última vez. Pero subestimó la seriedad del empeño de Les Brown en lograr su objetivo. En realidad, Les tenía una meta mayor que simplemente querer ser disc jockey. Quería comprar una casa más linda para su madre adoptiva, a la que quería muchísimo. El trabajo de disc jokey era un paso hacia ese objetivo.

Mamie Brown le había enseñado a ir en pos de sus sueños, de modo que estuvo seguro de que conseguiría un trabajo en esa radio, pese a lo que el gerente le había dicho.

Y fue así como Les volvió todos los días a la radio durante una semana para preguntar si se había presentado algún trabajo. Finalmente, el gerente cedió y lo tomó como cadete, y sin pago. Al principio, iba a buscar café o los almuerzos y cenas para los conductores que no abandonaban el estudio. Al final, el entusiasmo por su trabajo le valió la confianza de los disc jockeys, que lo enviaban en sus Cadillac a recoger a celebridades como The Temptations, Diana Ross y The Supremes. Nadie sabía que Les no tenía permiso para conducir.

Hacía todo lo que le pedían en la radio, y más. Mientras pasaba el tiempo con los animadores, aprendió cómo movían las manos en la consola. Se quedaba en las salas de control y aprovechaba todo lo que podía hasta que le decían que se fuera. Luego, en su dormitorio, a la noche, practicaba y se preparaba para la oportunidad que, sabía, se presentaría.

Un sábado por la tarde, mientras Les estaba en la radio, un animador llamado Rock estaba bebiendo mientras salía al aire. Les era la única persona en el edificio y se dio cuenta de que a Rock se le estaba yendo la mano. Se quedó cerca. Iba y venía frente al panel de vidrio de la cabina de Rock. Mientras caminaba, pensaba para sí mismo: "¡Bebe, Rock, bebe!"

Les tenía hambre y estaba listo. Habría corrido a buscar más alcohol si Rock se lo hubiera pedido. Cuando sonó el teléfono, Les se precipitó sobre él. Era el gerente de la radio, como ya suponía.

—Les, habla el Sr. Klein.

—Sí —dijo Les—. Ya sé.

—Les, no creo que Rock pueda terminar su programa.

—Sí, señor, lo sé.

—¿Podrías llamar a alguno de los otros animadores para que lo reemplace?

—Sí, señor, claro que sí.

Pero cuando colgó el auricular, Les se dijo a sí mismo: "Diablos, van a pensar que estoy loco".

Les marcó el número, pero no fue para llamar a otro animador. Llamó primero a su madre y después a su novia.

—¡Ve a la galería y enciende la radio porque estoy por salir al aire! —dijo.

Esperó unos quince minutos antes de llamar al gerente general.

—Señor Klein, no encuentro a nadie —dijo Les.

El Sr. Klein le preguntó entonces:

—Muchacho, ¿sabes cómo manejar los controles en el estudio?

—Sí, señor —respondió Les.

Les entró en la cabina, suavemente apartó a Rock y se sentó a la mesa giratoria. Estaba listo. Y estaba hambriento. Conectó el micrófono y dijo: "¡Atención! Soy yo, LB, Les Brown, listo para pasarles los mejores discos. No ha habido nadie antes que yo ni habrá nadie más después. Eso me convierte en el único. Joven, soltero y con ganas de asociarme. Tengo certificado, doy fe. Indudablemente calificado para satisfacerte con mucha acción. ¡Atención, nena, soy tu amorcito!"

Por su presentación, era obvio que Les estaba preparado. Cautivó al público y a su gerente general. A partir de ese comienzo promisorio, Les hizo una carrera exitosa en la radiodifusión, la política, los discursos en público y la televisión.

Jack Canfield

Dispuesto a pagar el precio

Cuando mi mujer Maryanne y yo estábamos construyendo nuestra peluquería en el shopping de Greenspoint hace trece años, un vietnamita pasaba todos los días para vendernos *doughnuts*. Apenas hablaba inglés, pero siempre era muy simpático y con sonrisas y señas, llegamos a conocernos. Su nombre era Le Van Vu.

Durante el día, Le trabajaba en una panadería y por la noche él y su mujer escuchaban cintas de audio para aprender inglés. Más tarde supe que dormían en bolsas de dormir llenas de aserrín en el piso de la parte trasera de la panadería.

En Vietnam, la familia Van Vu era una de las más ricas del Sudeste Asiático. Eran propietarios de casi un tercio de Vietnam del Norte, incluso de grandes empresas industriales y bienes raíces. Sin embargo, después del brutal asesinato de su padre, Le se trasladó a Vietnam del Sur con la madre, donde estudió y pudo recibirse de abogado.

Igual que su padre, Le prosperó. Vio la oportunidad de construir edificios para alojar la presencia norteamericana cada vez mayor en Vietnam del Sur y muy pronto se convirtió en uno de los constructores más exitosos del país.

Con todo, en un viaje al Norte, Le fue capturado por los norvienamitas y encerrado en la cárcel durante tres años. Escapó matando a cinco soldados y regresó a Vietnam del Sur donde volvieron a arrestarlo. El gobierno de Vietnam del Sur supuso que era un espía del Norte.

Después de cumplir su condena en prisión, Le salió e inició una compañía pesquera hasta convertirse en la mayor envasadora de Vietnam del Sur.

Cuando Le se enteró de que las tropas norteamericanas y el personal de la embajada estaban por salir de su país, tomó una decisión que cambiaría su vida.

Tomó todo el oro que había acumulado, lo cargó en uno de sus barcos pesqueros y se dirigió con su esposa a una nave norteamericana anclada en el puerto. Allí cambió toda su riqueza por un pasaje seguro de Vietnam a Filipinas, donde él y su esposa fueron alojados en un campo de refugiados.

Una vez que logró llegar al presidente de Filipinas, Le lo convenció de que pusiera a su disposición un barco para pescar y así volvió a la actividad. Antes de abandonar Filipinas, dos años más tarde, rumbo a Estados Unidos (su sueño último), Le había desarrollado con éxito toda la industria pesquera en Filipinas.

Pero cuando iba a Estados Unidos, Le se sintió deprimido y angustiado ante la perspectiva de tener que volver a empezar de cero. Su esposa cuenta que lo encontró cerca de la baranda del barco, a punto de saltar.

"Le —le dijo—, si saltas, ¿qué va a ser de mí? Hemos estado juntos tanto tiempo y pasado tantas cosas. Podemos hacer esto juntos." Era el estímulo que Le Van Vu necesitaba.

Cuando él y su mujer llegaron a Houston en 1972, estaban quebrados y no hablaban nada de inglés. En Vietnam, la familia cuida a la familia, y Le y su mujer fueron alojados en el cuarto trasero de la panadería de su primo en el shopping de Greenspoint. Nosotros estábamos montando nuestra peluquería a unos treinta metros apenas.

Ahora, como dicen, viene la parte del mensaje de la historia:

El primo de Le les ofreció empleo en la panadería tanto a Le como a su esposa. Con las deducciones correspondientes, Le se llevaba ciento setenta y cinco dólares semanales y su mujer ciento veinticinco. Su ingreso anual total era en definitiva de quince mil seiscientos dólares. Además, el primo les ofreció venderles la panadería si lograban reunir treinta mil. El resto lo financiaría con una hipoteca por noventa mil dólares.

Esto es lo que hicieron Le y su mujer:

Pese al ingreso semanal de trescientos dólares, decidieron seguir viviendo en el cuarto trasero. Durante dos años, se mantuvieron limpios lavándose con esponja en los baños del centro comercial. Durante dos años, su dieta consistió prácticamente en productos de panadería. Cada año, durante dos años, vivieron con un total, eso es, un total de seiscientos dólares y ahorraron los treinta mil para el anticipo.

Más adelante, Le explicó su razonamiento: "Si buscamos un departamento, cosa que podríamos hacer con nuestros ingresos, tendríamos que pagar alquiler. Después, por supuesto, tendríamos que comprar muebles. Después, necesitaríamos transporte para ir al trabajo o sea que eso implicaría comprar un auto. Después, tendríamos que gastar en nafta para el auto y un seguro. Después probablemente querríamos ir a conocer lugares en auto, o sea que tendríamos que comprar ropa y accesorios. De modo que, era evidente, que si teníamos el departamento nunca reuniríamos los treinta mil dólares.

Ahora bien, si cree que ya escuchó todo sobre Le, permítame decirle que hay más: después de ahorrar los treinta mil y comprar la panadería, Le se sentó una vez más con su esposa para tener una conversación seria. Todavía le debían noventa mil dólares al primo y, pese a lo difíciles que habían sido los dos años anteriores, tenían que seguir viviendo en ese cuarto durante un año más.

Es un orgullo para mí decir que en ese año, mi amigo y mentor Le Van Vu y su esposa, ahorrando virtualmente cada centavo de ganancia del negocio, cancelaron la hipoteca de noventa mil dólares, y en apenas tres años, eran dueños de un negocio sumamente rentable libre de deudas.

Después, y recién entonces, los Van Vu salieron a buscar su primer departamento. Hasta el momento, siguen ahorrando en forma constante, viven con un porcentaje sumamente pequeño de sus ingresos y, por supuesto, siempre pagan sus compras al contado.

¿Cree que Le Van Vu es millonario en este momento? Me alegra decirle que mucho más que eso.

John McCormack

Todos tenemos algún sueño

Hace unos años, acepté un puesto en un condado del sur para trabajar en el área de asistencia pública. Lo que quería hacer, era mostrar que todos tenemos la capacidad de autoabastecernos y que lo único que debemos hacer es activarla. Solicité al condado que reuniera un grupo de personas que estuvieran protegidas por la asistencia pública, personas de distintos grupos raciales y con distintas constelaciones familiares. Luego los vería como grupo todos los viernes durante tres horas. También pedí un poco de efectivo para trabajar en lo que necesitaba.

Lo primero que dije después de estrecharles las manos a todos fue:

—Me gustaría conocer sus sueños. —Todos me miraron como si estuviera chiflado.

—¿Sueños? Nosotros no tenemos sueños.

—Bueno, ¿qué te pasó cuando eras chico? —pregunté—. ¿No había algo que te gustara hacer?

—No sé para qué sirven los sueños. A mis chicos se los comen las ratas —me dijo una mujer.

—Oh —dije—, eso es terrible. No, claro, estás muy preocupada con las ratas y tus hijos. ¿Qué puedes hacer al respecto?

—Bueno, podría usar un nuevo tejido en la puerta, porque mi puerta tiene agujeros.

—¿Hay alguien aquí que sepa arreglar un tejido? —pregunté.

En el grupo había un hombre y dijo:

—Hace mucho tiempo yo hacía ese tipo de cosas pero ahora tengo muy mal la espalda. Con todo, trataré de hacerlo.

Le dije que, si podía ir a la tienda a comprar tejido y después arreglar la puerta de la señora, yo tenía algo de dinero.

—¿Crees que podrás hacerlo?

—Sí, lo intentaré.

Una semana más tarde, cuando el grupo ya estaba sentado, le dije a la mujer:

—Bueno, ¿ya está arreglada tu puerta?

—Oh, sí —dijo.

—Entonces empecemos a soñar, ¿no? —me dirigió una especie de sonrisa—. ¿Cómo te sientes? —le dije al hombre que había hecho el trabajo.

—Bien, sabes —dijo—, es algo divertido. Empiezo a sentirme muchísimo mejor.

Eso ayudó a que el grupo empezara a soñar. Estos éxitos, insignificantes en apariencia permitieron que el grupo viera que los sueños no eran una locura. Estos pasitos hicieron que la gente empezara a ver y sentir que algo podía pasar realmente.

Empecé a interrogar a otras personas sobre sus sueños. Una mujer me dijo que siempre había querido ser secretaria.

—Bueno, ¿qué te obstruye el camino? (ésa es siempre mi siguiente pregunta).

—Tengo seis hijos —me dijo—, y no tengo con quién dejarlos cuando no estoy.

—Veamos —dije—. ¿Hay alguien en el grupo que puede cuidar a seis chicos durante uno o dos días por semana mientras esta mujer se capacita aquí en la escuela municipal?

—Yo también tengo chicos, pero podría hacerlo —dijo una mujer.

—Hagámoslo —dije. Así, creamos un plan y la mujer empezó a ir a la escuela.

Cada uno encontró algo. El hombre que arregló la puerta con tejido se dedicó a hacer trabajos manuales. La mujer que se hizo cargo de los chicos obtuvo su licencia para cuidar niños. En doce semanas, las doce personas estaban fuera de la asistencia pública. Y no lo logré esa vez solamente, lo he logrado muchas veces.

Virginia Satir

Sigue tu sueño

Tengo un amigo llamado Monty Roberts que es dueño de un rancho en San Ysidro. Muchas veces me ha permitido usar su casa para organizar actividades destinadas a reunir fondos para programas de ayuda a los jóvenes en peligro.

La última vez que estuve, me presentó diciendo: —Quiero decirles por qué dejo que Jack use mi casa. Todo se remonta a la historia de un muchacho que era hijo de un itinerante entrenador de caballos, que iba de un establo al otro, de una pista a otra, de una granja a otra, de un rancho a otro entrenando caballos. Como consecuencia de ello, los estudios del muchacho se veían siempre interrumpidos. Cuando ya estaba en el secundario, le pidieron que escribiera un trabajo sobre lo que quería ser y hacer cuando fuera grande.

"Esa noche, escribió una redacción de siete páginas en la que describía su meta de tener algún día un haras. Escribió su sueño con mucho detalle y hasta dibujó un croquis del rancho de cien hectáreas, en el que señaló la ubicación de todos los edificios, los establos y la pista. Después dibujó un plano detallado de una casa de mil trescientos metros cuadrados que se levantaría en el rancho soñado de cien hectáreas.

"Puso mucho de su corazón en el proyecto y al día siguiente se lo entregó a su profesor. Dos días más tarde, recibió de vuelta su trabajo. En la primera página había una M roja grande y una nota que decía: 'Ven a verme después de clase.'

"El chico del sueño fue a ver al profesor después de clase y le preguntó: '¿Por qué me aplazó?'

"El profesor le dijo: 'Es un sueño poco realista para un chico como tú. No tienes dinero. Vienes de una familia itinerante. No tienes recursos. Para tener un haras hace falta mucho dinero. Tienes que comprar la tierra. Tienes que pagar por la cría original y después tendrás que pagar muchos gastos de mantenimiento. No podrías hacerlo de ninguna forma. —Luego de lo cual, el profesor agregó—: Si vuelves a hacer el trabajo con un objetivo más realista, reconsideraré tu nota'.

"El chico volvió a su casa y pensó mucho. Le preguntó al padre qué debía hacer. El padre le dijo: 'Mira, hijo, tienes que decidir por ti mismo. De todos modos, creo que es una decisión importante para ti'.

"Finalmente, después de reflexionar durante una semana, el chico entregó el mismo trabajo, sin hacer ningún cambio. Y dijo: 'Puede quedarse con mi M, yo me quedaré con mi sueño'.

Monty se volvió entonces al grupo reunido y dijo: —Les cuento esta historia porque están sentados en mi casa de mil trescientos metros cuadrados en el medio de mi haras de cien hectáreas. Todavía tengo aquel deber del colegio enmarcado sobre la chimenea. —Luego agregó: —Lo mejor de la historia es que hace dos veranos, ese mismo profesor trajo a treinta chicos a acampar a mi rancho durante una semana. Cuando el profesor se iba, dijo: "Mira, Monty, ahora puedo decírtelo. Cuando era profesor tuyo, era una especie de ladrón de sueños. Durante esos años, robé un montón de sueños de niños. Por suerte, tuviste suficiente sentido común como para no abandonar el tuyo..."

No dejes que nadie te robe los sueños. Obedece a tu corazón, pasara lo que pasare.

Jack Canfield

La caja

Cuando estaba por terminar la facultad, volví a casa para unas vacaciones de Navidad con la idea de pasar quince días de diversión con mis dos hermanos. Estábamos tan contentos de estar juntos que nos ofrecimos como voluntarios para cuidarles el negocio a papá y mamá para que ellos pudieran tomarse su primer día libre en años. Antes de irse los dos a Boston, mi padre me llevó despacio al cuartito que había detrás de la tienda. El cuarto era tan pequeño que sólo cabían un piano y un diván cama. En realidad, al abrir la cama, llenaba la habitación y lo único que se podía hacer era sentarse en la cama y tocar el piano. Papá metió la mano detrás del viejo piano vertical y sacó una caja de cigarros. La abrió y me mostró una pilita de artículos de diarios. Como yo era un asiduo lector de novelas policiales, que esa caja escondida me llenó de excitación y expectativa.

—¿Qué son? —pregunté.

—Son artículos y algunas cartas de lectores que me publicaron —me contestó seriamente.

Al empezar a leer, vi que al pie de cada artículo prolijamente doblado, aparecía el nombre Walter Chapman.

—¿Por qué no me hablaste nunca de esto? —pregunté.

—Porque no quería que tu madre lo supiera. Siempre me ha dicho que como no tenía demasiada instrucción, no debía tratar de escribir. Yo quería postularme para algún cargo político, también, pero me dijo que no lo intentara. Supongo que temía sentirse mal si perdía. Yo sólo quería intentarlo por diversión. Pensé que podía escribir sin que ella se enterara, y lo hice. Cada vez que imprimían algo, lo recortaba y lo escondía en esta caja. Sabía que algún día le mostraría la caja a alguien, y fuiste tú.

Me observaba mientras yo leía rápidamente algunos artículos y cuando alcé la vista, sus grandes ojos azules estaban húmedos.

—Creo que la última vez intenté algo demasiado grande —agregó.

—¿Escribiste algo más?

—Sí, envié a la revista parroquial algunas sugerencias para seleccionar de una manera más justa la comisión nacional. Hace tres meses que las mandé. Creo que intenté algo demasiado ambicioso.

Era un aspecto tan nuevo de mi padre, siempre amante de la diversión, que no sabía qué decir, de modo que arriesgué un:

—Tal vez tengas alguna noticia pronto.

—Tal vez, pero no te pongas nerviosa. —Papá me sonrió y me guiñó el ojo; después cerró la caja de cigarros y volvió a ponerla detrás del piano.

A la mañana siguiente, nuestros padres salieron en autobús para Haverhill Depot donde tomaron un tren a Boston. Jim, Ron y yo fuimos corriendo a la tienda y yo me acordé de la caja. Nunca había sospechado que a mi padre le gustaba escribir. No se lo comenté a mis hermanos; era un secreto entre papá y yo. El misterio de la caja escondida.

Esa noche, temprano, miré por la vidriera del negocio y vi que mi madre bajaba del autobús, sola. Cruzó la plaza y caminó rápidamente hacia la tienda.

—¿Dónde está papá? —preguntamos los tres juntos.

—Papá murió —dijo sin una lágrima.

Incrédulos, la seguimos a la cocina donde nos contó que iban caminando por la estación de subte de Park Street en medio de una multitud y, de pronto, papá cayó al suelo. Una enfermera se inclinó sobre él, miró a mamá y dijo, simplemente: "Está muerto".

Mamá se había quedado paralizada, sin saber qué hacer mientras la gente pasaba por encima de él precipitántose hacia el subte. Un sacerdote que pasaba dijo: "Llamaré a la policía" y desapareció. Mamá custodió el cuerpo de papá durante alrededor de una hora. Finalmente, llegó una ambulancia y los llevó a los dos a la única morgue donde mamá tuvo que vaciarle los bolsillos y quitarle el reloj. Había regresado en el tren sola y después a casa en el autobús local. Mamá nos hizo todo ese relato impresionante sin derramar una lágrima. No mostrar emoción había sido siempre una cuestión de disciplina y orgullo para ella. Nosotros tampoco lloramos y nos turnamos para esperar a los clientes.

Un cliente habitual, preguntó:

—¿Dónde está el viejo hoy?

—Murió —respondí.

—Oh, qué macana —y se fue.

No había pensado en él como "el viejo", y la pregunta me dejó muy mal, pero tenía setenta años y mamá sólo cincuenta. Siempre había sido sano y feliz y había cuidado a mi frágil madre sin quejarse. Y ahora se había ido. No más silbidos, no más cantos mientras arreglaba los estantes. "El viejo" se había ido.

La mañana del funeral, estaba sentada a la mesa de la tienda abriendo las cartas de condolencias y acomodándolas en una carpeta cuando en la pila vi la revista de la iglesia. Normalmente, nunca habría abierto lo que consideraba una aburrida publicación religiosa, pero a lo mejor estaba el bendito artículo. Y estaba.

Llevé la revista al cuartito, cerré la puerta y me eché a llorar. Había sido valiente, pero ver impresas las audaces recomendaciones de papá para la convención nacional era más de lo que podía soportar. Leía y lloraba y volvía a leer. Saqué la caja escondida detrás del piano y debajo de los artículos encontré una carta de dos páginas a mi padre escrita por Henry Cabot Lodge, agradeciéndole las sugerencias para su campaña.

No le hablé a nadie de mi caja. Siguió siendo un secreto.

Florence Littauer

Estímulo

Algunos de los mayores éxitos de la historia se produjeron después de una palabra de estímulo o de un acto de confianza por parte de una persona querida o un amigo fiel. Si no hubiera sido por una esposa confiada, Sophia, tal vez no habríamos tenido entre los grandes nombres de la literatura el de Nathaniel Hawthorne. Cuando Nathaniel, un hombre muy acongojado, fue a su casa a decirle a su esposa que era un fracaso y que lo habían echado de su trabajo en la aduana, ella lo sorprendió con una exclamación de alegría.

—¡Ahora puedes escribir tu libro! —dijo triunfante.

—Sí —repuso el hombre con vacilante aplomo— y ¿de qué vamos a vivir mientras lo escribo?

Para su gran sorpresa, ella abrió un cajón y sacó una cantidad considerable de dinero.

—¿De dónde sacaste eso? —exclamó él.

—Siempre supe que eras un hombre de talento —le dijo—. Sabía que algún día escribirías una obra maestra. De modo que cada semana, del dinero que me dabas para la casa, ahorraba un poco. Tenemos suficiente para un año entero.

De su confianza y su fe salió una de las novelas más importantes de la literatura norteamericana: *La carta escarlata*.

Nido Qubein

Walt Jones

La gran cuestión es si vas a poder decirle un sí entusiasta a tu aventura.

Joseph Campbell

Nadie resume tanto el hecho de que el éxito es un viaje y no un destino como los muchos "devenires humanos" en crecimiento y expansión que no permiten que la edad sea un obstáculo para su concreción. Florece Brooks se unió al Cuerpo de Paz cuando tenía sesenta y cuatro años. Gladys Clappison vivía en el pensionado de la Universidad de Iowa mientras trabajaba en su tesis de historia a los ochenta y dos años. También está el caso de Ed Stitt, quien a la edad de ochenta y siete años, trabajaba en el área docente de un instituto terciario de su comunidad en Nueva Jersey. Ed decía que lo preservaba de la "enfermedad de los envejecidos" y le mantenía el cerebro alerta.

Es posible que, a lo largo de los años, ninguna persona haya agitado tanto mi imaginación como Walt Jones de Tacoma, Washington. Walt sobrevivió a su tercera mujer con la cual estuvo casado cincuenta y dos años. Cuando murió, alguien le dijo a Walt que debía de ser triste perder a una amiga de tanto tiempo.

—Bueno, por supuesto que sí —fue su respuesta—, pero tal vez haya sido lo mejor que podía pasar.

—¿Cómo es eso?

—No quiero ser negativo o decir algo que difame su fantástico carácter, pero en la última década, estaba un poco agotada conmigo.

Cuando le pidieron que se explicara mejor, agregó: "Nunca quería hacer nada, estaba un poco anquilosada. Hace diez años, cuando yo tenía noventa y cuatro, le dije a mi mujer que no habíamos visto nunca nada excepto el bello Noroeste del Pacífico. Me preguntó qué tenía in mente y le dije que quería comprar una casa rodante y así visitar quizá los cuarenta y ocho estados. '¿Qué te parece?'

"Ella dijo: 'Creo que estás loco, Walt.'

"'¿Por qué dices eso?,' le pregunté.

"'Nos atropellarían. Moriríamos y no tendríamos un funeral.' Después me preguntó, '¿Quién va a manejar, Walter?' y yo dije, 'Yo, Lambie.' '¡Nos mataremos!,' dijo.

"A mí me gustaría dejar huellas en las arenas del tiempo antes de partir para siempre, pero esas huellas no se marcan estando todo el día sentado... a menos que uno quiera dejar la huella del trasero."

—Y ahora que ella ya no está, Walt, ¿qué piensa hacer?

—¿Qué pienso hacer? Enterré a mi mujer y me compré una casa rodante. Estamos en 1976, y pienso visitar los cuarenta y ocho estados para celebrar el bicentenario.

Ese año, Walt llegó a cuarenta y tres estados vendiendo curiosidades y souvenirs. Cuando le preguntaron si alguna vez levantaba gente que hacía dedo, dijo:

—De ninguna manera. Muchos de ellos podrían romperme la cabeza con un palo por cuatro centavos o llevarme a juicio si hubiera un accidente.

Hacía pocos meses que Walt tenía su casa rodante y había enterrado a su mujer apenas seis meses, antes cuando se lo vio conduciendo por la calle con una mujer de sesenta y dos años, bastante atractiva, a su lado.

—¿Walt? —le preguntó alguien.

—Sí —respondió.

—¿Quién era la mujer sentada a su lado? ¿Quién es su nueva amiga, Walt?

A lo que él respondió: "Sí".

—¿Sí, qué?

—Mi novia.

—¿Novia? Walt, usted estuvo casado tres veces, tiene ciento cuatro años. Esta mujer debe de tener cuatro décadas menos que usted.

—Bueno —respondió—, me di cuenta en seguida de que un hombre no puede vivir en una casa rodante solo.

—Eso lo entiendo, Walt. Tal vez extrañe tener alguien con quien hablar después de haber tenido una compañera todos estos años.

Sin vacilar, Walt respondió:

—Lo sé, también extraño eso.

—¿También? ¿Se refiere a que tiene un interés romántico?

—Podría.

—Walt...

—¿Qué? —dijo.

—Llega un momento en la vida de una persona en que eso se termina.

—¿El sexo? —replicó.

—Sí.

—¿Por qué? —preguntó.

—Bueno, porque ese tipo de actividad física podría ser riesgoso para la salud de una persona.

Walt analizó la cuestión y dijo:

—Bueno, si se muere, se muere.

En 1978, con una inflación de dos dígitos trepando en nuestro país, Walt hizo una gran inversión en el proyecto de un condominio. Cuando le preguntaron por qué retiraba su dinero de una cuenta bancaria segura y lo ponía en un proyecto de construcción, dijo: "¿No oyeron? Éstos son tiempos inflacionarios. Hay que poner el dinero en bienes raíces para que se valorice y rinda años más tarde cuando uno realmente lo necesite". ¿Qué tal el pensamiento positivo?

En 1980, vendió gran parte de sus propiedades en Pierce County, Washington. Muchos pensaron que Walt estaba muriéndose. Reunió a sus amigos y enseguida les aclaró que no estaba muriéndose, pero que había vendido para tener efectivo.

—Me guardé un poco e hice un contrato a treinta años. Voy a recibir cuatro mil por mes hasta los ciento treinta y ocho años.

Celebró sus ciento diez años en el programa de Johnny Carson. Entró radiante con su barba blanca y su sombrero negro, un poco parecido al difunto Coronel Sanders, y Johnny dijo:

—Qué bueno tenerlo aquí, Walt.

—A los ciento diez, es bueno estar en cualquier parte, Johnny.

—¿Ciento diez?

—Ciento diez.

—¿Uno-uno-cero?

—¿Qué le pasa, Carson, está perdiendo el oído? Es lo que dije. Son los años que tengo. ¿Qué suena tan raro?

—Lo raro es que dentro de tres días va a tener el doble de mi edad.

¿A usted le llamaría la atención, no? Ciento diez años, un devenir humano en crecimiento y expansión. Walt captó la idea y rápidamente respondió.

—¿Cuántos años tendría usted si no supiera la fecha en que nació y no hubiera un calendario para deprimirlo una vez al año? ¿Oyó hablar de las personas que se deprimen por una fecha de calendario? Oh, Dios, cumplo treinta años. Estoy tan deprimido. Estoy viejo. Oh, no, cumplo cuarenta años. Todos en mi trabajo se vistieron de negro y me enviaron una corona para burlarse. Oh, no, tengo cincuenta años. Medio siglo. Me enviaron rosas con telarañas. Johnny, ¿quién dice que tiene que largar todo y morir a los sesenta y cinco? Tengo amigos más prósperos después de los setenta y cinco que antes. Y gracias a una pequeña inversión que hice en un condominio hace unos años, desde que cumplí los ciento cinco tengo más dólares que antes. ¿Puedo darle mi definición de la depresión, Johnny?

—Adelante.

—Lamentar un cumpleaños.

Ojalá la historia de Walt Jones nos inspire a todos para seguir en crecimiento y expansión cada día de nuestras vidas.

Bob Moawad

¿Eres fuerte como para enfrentar las críticas?

Lo que cuenta no es el crítico, no el hombre que señala cómo vacila el hombre fuerte o qué podría haber hecho mejor la persona de acción. El mérito le corresponde a quien está en la arena, con la cara embadurnada de polvo y sudor y sangre, que lucha con valentía, que se equivoca y vuelve a empezar una y otra vez porque no hay esfuerzos sin error ni imperfecciones, que conoce la gran devoción, que se compromete en una causa justa, que en el mejor de los casos conoce al final el alto logro del triunfo y que, en el peor de los casos, si fracasa pese a ser muy audaz, sabe que su lugar nunca estará entre esas almas tímidas y frías que no conocen ni la victoria ni la derrota.

Theodore Roosevelt

Correr riesgos

Dos semillas están juntas en la tierra sembrada.

La primera semilla dijo: "¡Quiero crecer! Quiero que mis raíces lleguen muy abajo en el suelo y que mis retoños rompan la corteza de la tierra que tengo arriba... Quiero desplegar mis tiernos brotes como banderas para anunciar la llegada de la primavera... Quiero sentir el calor del sol en mi cara y la bendición del rocío matinal en mis pétalos!".

Y entonces creció.

La segunda semilla dijo: "Tengo miedo. Si dejo que mis raíces vayan hacia abajo, no sé qué encontraré en la oscuridad. Si me abro camino a través del suelo duro por sobre mí puedo dañar mis delicados retoños... ¿y si dejo que mis brotes se abran y una serpiente trata de comerlos? Además, si abriera mis pimpollos, tal vez un niño pequeño me arranque del suelo. No, me conviene esperar hasta que sea seguro".

Y entonces esperó.

Un ave que andaba dando vueltas por el lugar en busca de comida, encontró a la semilla que esperaba y enseguida se la tragó.

MORALEJA DE LA HISTORIA

Los que se niegan a correr riesgos y a crecer son tragados por la vida.

Patty Hansen

Un servicio con humor

Un hombre escribió una carta a un pequeño hotel en una ciudad del Medio Oeste que pensaba visitar durante sus vacaciones. Escribió:

> Me gustaría viajar con mi perro. Es muy limpio y muy bien educado. ¿Tendrían la amabilidad de permitirle quedarse conmigo en el cuarto durante la noche?

En seguida recibió una respuesta del dueño del hotel, quien le decía:

> Manejo este hotel desde hace muchos años. En todo este tiempo, nunca tuve un perro que robara toallas, ropa de cama, vajilla o cuadros de las paredes.
>
> Nunca tuve que echar a un perro en mitad de la noche por estar borracho o hacer escándalo. Y nunca tuve un perro que se escapara sin pagar la cuenta.
>
> Sí, de acuerdo, su perro será bien recibido en mi hotel. Y, si su perro le sale de fiador, usted también será bienvenido.

Karl Albrecht y Ron Zenke
Service America

6

SUPERAR OBSTÁCULOS

Los obstáculos son esas cosas espantosas que ves cuando apartas los ojos de tu meta.

Henry Ford

Obstáculos

Quienes vivimos en los campos de concentración recordamos a los hombres que iban de una barraca a otra consolando a los demás, dando su último pedazo de pan. Tal vez no hayan sido muchos, pero dan prueba suficiente de que a un hombre se le puede quitar todo excepto una cosa: la última de sus libertades, la de elegir su actitud frente a cualquier circunstancia dada, la de elegir su camino.

Viktor E. Frankl
El hombre en busca de sentido

Para tener en cuenta

Tenga en cuenta lo siguiente:

- Después de la primera prueba artística de Fred Astaire, el informe del director de pruebas de MGM, fechado en 1933, decía: "¡No sabe actuar! ¡Poco audaz! Puede bailar un poco". Astaire conservaba este informe sobre la chimenea de su casa de Beverly Hills.
- Sócrates fue calificado de "corruptor de jóvenes inmoral".
- Louise May Alcott, la autora de *Mujercitas*, era impulsada por su familia a conseguir trabajo como mucama o costurera.
- Beethoven tocaba mal el violín y prefería ejecutar sus propias composiciones en vez de mejorar su técnica. Su profesor consideraba que no tenía futuro como compositor.
- Los padres del famoso cantante de ópera Enrico Caruso querían que fuera ingeniero. Su profesor decía que no tenía voz y que no podía cantar.
- Charles Darwin, padre de la teoría de la evolución, abandonó una carrera médica y el padre le dijo: "Lo único que te interesa es cazar, capturar perros y ratas". En su autobiografía, Darwin escribe: "Todos mis profesores y mi padre me consideraban un chico común, más bien por debajo del nivel común de intelecto".

- El director de un diario despidió a Walt Disney por falta de ideas. Walt Disney también quebró varias veces antes de construir Disneylandia.
- Los maestros de Thomas Edison decían que era demasiado tonto para aprender.
- Albert Einstein no habló hasta los cuatro años y no leyó hasta los siete. Su maestra lo describió como "mentalmente lento, insociable y encerrado siempre en sueños tontos". Lo expulsaron y no lo dejaron ingresar en la Escuela Politécnica de Zurich.
- Louis Pasteur fue un alumno mediocre y ocupaba el puesto número quince sobre veintidós.
- Issac Newton no rindió nunca demasiado en el colegio.
- El padre del escultor Rodin decía: "Tengo un hijo idiota". Descrito como el peor alumno de la escuela, Rodin fracasó tres veces en su intento por ingresar en la escuela de Bellas Artes. Su tío decía que era ineducable.
- León Tolstoi, el autor de *Guerra y paz*, abandonó el colegio. Era considerado "sin capacidad ni voluntad para aprender".
- El autor teatral Tennessee Williams se enfureció cuando su obra *Yo, Vasha* no fue elegida en un concurso en la Universidad de Washington donde estaba inscripto. El profesor recordaba que Williams cuestionó las decisiones de los jueces y su inteligencia.
- Henry Ford fracasó y quebró cinco veces hasta que finalmente tuvo éxito.
- Babe Ruth, considerado por los historiadores del deporte como el mayor atleta de todos los tiempos y famoso por batir el record local de carrera, también ostenta el record de lanzamientos fallados.
- Winston Churchill no aprobó sexto grado. Llegó a Primer Ministro recién a los sesenta y dos años y luego de una vida de derrotas y reveses. Hizo sus mayores contribuciones cuando era un "hombre mayor".
- Dieciocho editores rechazaron el cuento de Richard Bach *Juan Salvador Gaviota* sobre una gaviota en

vuelo, antes de que Macmillan lo publicara finalmente en 1970. Para 1975, había vendido más de siete millones de ejemplares solamente en los Estados Unidos.

- Richard Hooker trabajó durante siete años en su novela de humor sobre la guerra, M*A*S*H que luego fue rechazada por veintiún editores hasta que Morrow decidió publicarla. Se convirtió en un *bestseller* aplastante, una película muy taquillera y una exitosa serie de televisión.

Jack Canfield y Mark V. Hansen

John Corcoran. El hombre que no sabía leer

Hasta donde John Corcoran recordaba, las palabras siempre se habían burlado de él. Las letras en las oraciones se cambiaban de lugar, los sonidos de las vocales se perdían en los túneles de sus oídos. En el colegio se sentaba a su escritorio, estúpido y callado como una piedra, sabiendo que sería distinto de todos los demás para siempre. Si al menos alguien se hubiera sentado junto a ese chiquillo, le hubiera puesto una mano en el hombre y dicho: "Yo te ayudaré. No tengas miedo".

Pero en esa época nadie hablaba de dislexia. Y John no podía decirles que el lado izquierdo de su cerebro, el lóbulo que los seres humanos usan para ordenar los símbolos en forma lógica en una secuencia, siempre le había fallado.

En cambio, en segundo grado lo pusieron en la fila de los "tontos". En tercer grado, una monja les daba un puntero a los demás chicos cuando John se negaba a leer o a escribir y dejaba que cada alumno le golpeara las piernas. En cuarto grado, su maestra lo llamaba a leer y dejaba que los minutos de silencio se sumaran hasta que el niño tenía la impresión de ahogarse. Después pasaba al grado siguiente y al otro. John Corcoran nunca repitió un año.

En el último año, John fue elegido rey de la fiesta anual, pronunció el discurso de despedida y participó en el equipo de básquetbol. Su madre le dio un beso cuando se graduó y empezó a hablar sin cesar de la universidad. ¿La universidad? Era una locura de sólo pensarlo. Pero finalmente decidió ir a la Universidad de Texas en El Paso donde podría tratar de integrar el equipo de básquetbol. Respiró hondo, cerró los ojos... y volvió a cruzar las líneas enemigas.

En la universidad, John le preguntaba a cada nuevo amigo: ¿qué profesores daban monografías? ¿Cuáles "multiple choice"? Apenas salía de la clase, rompía las hojas de garabatos de su cuaderno por si alguien le pedía que le mostrara sus apuntes. Miraba gordos libros de texto en la noche para que su compañero de cuarto no sospechara. Y se acostaba, exhausto pero incapaz de dormir, incapaz de frenar su mente convulsionada. John prometió que iría a misa treinta días seguidos, al alba, si Dios le permitía recibirse.

Obtuvo su diploma. Le dio sus treinta días de misa a Dios. ¿Y? Tal vez era adicto al incentivo. Tal vez la cosa respecto de la cual más inseguro se sentía —su mente— era lo que más tendría que haber admirado. Tal vez por eso, en 1961, John empezó a enseñar.

John enseñaba en California. Todos los días hacía que un alumno leyera un texto en clase. Tomaba pruebas comunes de conocimiento que podía calificar colocando un formulario con perforaciones sobre cada respuesta correcta y se quedaba en la cama durante horas las mañanas del fin de semana, deprimido.

Entonces conoció a Kathy, alumna brillante y enfermera. No alguien inestable, como John. Una roca. "Tengo que decirte algo, Kathy", le dijo una noche de 1965 antes de su casamiento... "No... no sé leer".

"Pero es profesor", pensó ella para sí. Seguramente quiere decir que no puede leer bien. Kathy lo entendió recién varios años más tarde cuando vio que John no podía leer un libro infantil a su hijita de dieciocho meses. Kathy llenaba sus formularios, leía y escribía sus cartas.

¿Por qué no le pedía simplemente que le enseñara a leer y escribir? A él no se le ocurría que alguien podía enseñarle.

A los veintiocho años, John pidió un préstamo de dos mil quinientos dólares, compró una segunda casa, la arregló y la alquiló. Compró y alquiló otra. Y otra. Su negocio empezó a crecer cada vez más hasta que necesitó una secretaria, un abogado y un socio.

Entonces, un día, su contador le dijo que era millonario. Perfecto. ¿Quién iba a notar que un millonario tiraba siempre de las puertas que decían EMPUJE o se tomaba un tiempo antes de entrar en los baños públicos para ver de cuál salía un hombre?

En 1982, el mercado se vino abajo. Sus propiedades empezaron a quedar vacías y los inversores se retiraron. De los sobres brotaban amenazas de embargos y juicios. Parecía que tenía que dedicar cada momento de vigilia para convencer a los banqueros de que ampliaran sus créditos, para obligar a los constructores a no abandonar el trabajo, para tratar de poner orden en la pirámide de papel. Muy pronto se dio cuenta de que lo mandarían al banquillo de los acusados y un hombre de toga negra le diría: "La verdad, John Corcoran. ¿No sabe leer?"

Por último, en el otoño de 1986, a los cuarenta y ocho años, John hizo dos cosas que juró que nunca haría. Hipotecó su casa para obtener un último préstamo de edificación. Y entró en la Biblioteca de Carlsbad y le dijo a la mujer que estaba a cargo del programa de enseñanza: "No sé leer".

Y se echó a llorar.

Lo pusieron con una abuela de sesenta y cinco años llamada Eleanor Condit. Penosamente, letra por letra, por fonética, ella empezó a enseñarle. En catorce meses, su empresa de construcciones empezó a revivir. Y John Corcoran estaba aprendiendo a leer.

El siguiente paso fue la confesión: un discurso frente a doscientos empresarios anonadados en San Diego. Para curarse, tenía que quedar limpio. Lo nombraron en la junta directiva del Consejo de Alfabetización de

San Diego y empezó a viajar por el país para dar charlas.

"¡El analfabetismo es una forma de esclavitud! —gritaba—. No podemos perder tiempo culpando a otro. ¡Enseñar a leer tiene que convertirse en una obsesión!"

Leía todos los libros o revistas que caían en sus manos, todos los carteles de los caminos que recorría, en voz alta, mientras Kathy lo soportara. Era fantástico, como cantar. Y ahora podía dormir.

Un día se le ocurrió algo más que podía hacer. Sí, la caja polvorienta en su oficina, el fajo de papeles atados con una cinta... un cuarto de siglo más tarde, John Corcoran pudo leer las cartas de amor de su esposa.

Pamela Truax

Abraham Lincoln no se dio por vencido

El sentido de la obligación de seguir adelante está presente en todos nosotros. Esforzarse es un deber de todos. Yo fui llamado a ese deber.

Abraham Lincoln

Tal vez el mayor ejemplo de persistencia sea Abraham Lincoln. Si quiere aprender de alguien que no se dio por vencido, no busque más.

Nacido en la pobreza, Lincoln enfrentó la derrota a lo largo de toda su vida. Perdió ocho elecciones, dos veces fracasó en los negocios y sufrió un colapso nervioso.

Podría haberse dado por vencido muchas veces, pero no lo hizo, y como no lo hizo, se convirtió en uno de los más grandes presidentes en la historia de los Estados Unidos.

Fue un campeón, y nunca cejó en su empeño. El siguiente es un bosquejo del camino de Lincoln hasta la Casa Blanca:

1816 Desalojan a su familia de su casa.
Tiene que trabajar para mantenerla.
1818 Muere la madre.

1831 Quiebra.
1832 Se presenta para la legislatura estatal y pierde.
1832 También pierde su trabajo. Quiere entrar en la facultad de derecho pero no puede.
1833 Pide dinero prestado a un amigo para iniciar un negocio y al final del año quiebra. Pasa casi diecisiete años de su vida pagando su deuda.
1834 Vuelve a presentarse para la legislatura estatal, gana.
1835 Se compromete para casarse, su prometida muere y queda destrozado.
1836 Tiene un colapso nervioso total y está en cama durante seis meses.
1838 Trata de ser portavoz de la legislatura estatal. Es derrotado.
1840 Trata de ser elector. Es derrotado.
1843 Se presenta nuevamente para el Congreso —esta vez gana—, va a Washington y se desempeña bien.
1848 Se presenta para la reelección en el Congreso. Pierde.
1849 Trata de ocupar el cargo de jefe de catastro en su estado natal. Es derrotado.
1854 Se presenta para el Senado de los Estados Unidos. Pierde.
1856 Intenta obtener la nominación para vicepresidente en la convención nacional de su partido. Obtiene menos de cien votos.
1858 Se presenta nuevamente para el Senado norteamericano. Vuelve a perder.
1860 *Es elegido presidente de los Estados Unidos.*

El camino era difícil y resbaladizo. Se me resbalaba un pie y sacaba al otro del camino, pero me recuperaba y me decía a mí mismo: "Es un tropezón y no una caída".

Abraham Lincoln
Después de perder una campaña para el senado

La lección de un hijo

La pasión de mi hijo Daniel por el surf empezó cuando tenía trece años. Todos los días, antes y después del colegio, se ponía su equipo, se ubicaba más allá de la línea de surf y esperaba que lo desafiaran sus compañeros de noventa centímetros a un metro ochenta. Una tarde, el amor de Daniel por las corridas fue puesto a prueba.

—Su hijo tuvo un accidente —informó el guardavidas por teléfono a mi marido Mike.

—¿Grave?

—Grave. Cuando el agua lo levantó, la punta de la tabla le dio en el ojo.

Mike lo llevó a toda velocidad a la sala de guardia y allí lo derivaron al consultorio de un cirujano plástico. Recibió veintiséis puntadas, desde el rabillo del ojo hasta el puente de la nariz.

En el momento en que a Dan le cosían el ojo, yo regresaba de regreso a casa en avión, luego de dar unas charlas. Mike fue directamente al aeropuerto al salir del consultorio del médico. Me saludó en la puerta y me dijo que Dan estaba esperando en el auto.

—¿Daniel? —pregunté. Recuerdo que pensé que ese día las olas seguramente habían estado agresivas.

—Tuvo un accidente, pero estará bien.

La peor pesadilla de una madre que viaja por trabajo se había hecho realidad. Corrí hasta el auto tan rápido que se me rompió el taco del zapato. Abrí violentamente la puerta y mi hijo menor, con el ojo emparchado alargó los brazos y me gritó:

—Oh, mamá, me alegra que estés de vuelta.

Sollocé en sus brazos diciéndole lo mal que me sentía por no haber estado cuando llamó el guardavidas.

—Está bien, mamá —me consoló. De todos modos, no sabes hacer surf.

—¿Qué? —pregunté, confundida por su lógica.

—Estaré bien. El doctor dice que puedo volver al agua en ocho días.

¿Estaba loco? Quería decirle que no iba a permitirle acercarse al agua hasta los treinta y cinco años, pero me mordí la lengua y recé para que se olvidara del surf para siempre.

Durante los siguientes siete días insistió en que lo dejara volver a la orilla. Después de haberle repetido enfáticamente "No" por centésima vez, me venció en mi propio terreno.

—Mamá, nos enseñaste a no abandonar lo que amamos.

Entonces trató de sobornarme. Me había comprado un poema enmarcado de Langston Hughes "porque me hizo acordar de ti".

Una madre a su hijo

Bueno, hijo, te diré:
la vida para mí no es una escalera de cristal.
Tiene clavos.
Y astillas,
y tablones rotos,
y lugares sin alfombra en el piso
desnudo.
Pero todo el tiempo
hay que subir
y alcanzar rellanos

y dar vueltas
y a veces avanzar en la oscuridad
donde no hay nada de luz.
Hijo mío, no te des vuelta,
no desciendas los escalones
pues lo que encontrarás será más duro.
No te caigas ahora,
pues yo subo todavía, querido,
sigo subiendo,
y la vida para mí no es una escalera de cristal.

Me di por vencida.

En ese entonces, Daniel era simplemente un chico apasionado por el surf. Ahora es un hombre con responsabilidad. Está entre los veinticinco mejores profesionales del surf del mundo.

Me pusieron a prueba en mi propio campo con un principio que enseño a los públicos de ciudades lejanas: "Los apasionados se entregan a lo que aman y nunca lo dejan".

Danielle Kennedy

¿Fracaso? ¡No! Sólo reveses temporarios

Ver las cosas en la semilla, eso es el genio.

Lao-Tzu

Si usted pudiera visitarme en mi oficina en California, vería en un ángulo de la habitación un bellísimo mostrador antiguo español de caoba y tilo con nueve bancos de madera tapizados en cuero (de los que había en las viejas droguerías). ¿Poco habitual? Sí. Pero si esos bancos hablaran, podrían contarle una historia sobre el día en que estuve a punto de perder la esperanza y darme por vencida.

Era una época de recesión después de la Segunda Guerra Mundial y los empleos escaseaban. Cowboy Bob, mi marido, había comprado un pequeño almacén con dinero prestado. Teníamos dos bebés encantadores, un casa en un loteo, un auto y todas las cuotas habituales. Y el negocio se vino abajo. No había dinero para las cuotas de la casa, ni ninguna otra.

Yo pensaba que no tenía talentos especiales, ni formación, ni educación universitaria. No tenía una buena opinión de mí misma. Pero me acordaba de alguien que cuando yo era chica creía que tenía cierta capacidad: mi profesora de inglés de la Secundaria. Ella me impulsó a dedicarme al periodismo y me nombró gerente de publicidad y editora del diario de la escuela. Pensé entonces: "Si pudiera escribir una 'Columna de los clientes' para el periódico semanal de nuestra ciudad rural, tal vez podría ganar para pagar los gastos de la casa".

No tenía auto ni baby sitter. De modo que trasladaba a mis dos hijos en un cochecito desvencijado con una gran almohada atada atrás. La rueda se salía, pero le daba un golpe con el taco del zapato y seguía adelante. Estaba decidida a que mis hijos no perdieran su casa como me había pasado muchas veces a mí de chica.

Pero en la oficina del diario, no había puestos disponibles. Recesión. Entonces se me ocurrió una idea. Pregunté si podía comprar un espacio de publicidad al por mayor y venderlo al por menor como "Columna de los clientes". Aceptaron. Más adelante me contaron que mentalmente me habían dado dos semanas empujando ese cochecito antes de darme por vencida. Pero se equivocaron.

La idea de la columna en el diario funcionó. Gané dinero suficiente para pagar los gastos de la casa y comprar un auto viejo usado que Cowboy Bob encontró para mí. Después contraté a una chica del colegio secundario para cuidar a mis hijos todas las tardes, de tres a cinco. Cuando el reloj daba las tres, tomaba mis muestras del diario y salía volando a cumplir con mis citas.

Pero una tarde lluviosa y oscura todos los avisos en los que había trabajado se evaporaron cuando fui a concretarlos.

"¿Por qué?", pregunté. Me contestaron que habían notado que Ruben Ahlman, el Presidente de la Cámara de Comercio y propietario del negocio más popular de la ciudad no hacía publicidad conmigo. Respetaban su criterio. La explicación fue: "Tiene que haber algo malo en su publicidad".

Mi corazón dio un vuelco. Esos cuatro avisos eran para la casa.

Entonces pensé hablar con el Sr. Ahlman. Todo el mundo lo quiere y lo respeta. Seguro que va a escucharme. Cada vez que había intentado acercarme a él, se había negado a verme. Siempre estaba "afuera" u "ocupado". Sabía que si ponía un aviso conmigo, los otros comerciantes seguirían su ejemplo.

Esta vez, cuando entré a su comercio, lo encontré parado detrás del mostrador. Le dirigí la mejor de mis sonrisas y le mostre mi preciosa "Columna de los clientes" cuidadosamente marcada con los crayones verdes de mis hijos. Dije: "Todos respetan su opinión, Sr. Ahlman. ¿Podría mirar un momento mi trabajo para poder decirles a los demás comerciantes lo que usted piensa?"

En su boca se dibujó una mueca de desagrado. Sin decir una palabra, sacudió con énfasis la cabeza señalando sin la menor sombra de duda: "¡NO!" Mi anudado corazón cayó por el piso con tal violencia, que pensé que todos lo habían oído.

De pronto, todo mi entusiasmo me abandonó. Me acerqué como pude al bellísimo mostrador antiguo sintiendo que no tendría fuerzas para volver a casa. No quería sentarme al mostrador sin comprar algo, así que saqué mis últimos diez centavos y ordené una gaseosa. Me preguntaba con desesperación qué podía hacer. ¿Perderían su casa mis hijos, como me había pasado tantas veces a mí cuando era chica? ¿Se había equivocado mi profesora de periodismo? Tal vez ese talento del cual hablaba no existía. Se me llenaron los ojos de lágrimas.

Una voz suave desde el banco de al lado, dijo:

—¿Qué te pasa, querida?

Miré la cara llena de simpatía de una agradable señora de cabellos grises. Le conté toda la historia y al final le dije:

—Pero el Sr. Ahlman, a quien todos respetan tanto, no quiere mirar mi trabajo.

—Déjame ver esa Columna de los Clientes —pidió. Tomó en sus manos mi sección marcada en el diario y la leyó íntegra. Después, se dio vuelta en el banco, se levantó, miró hacia el mostrador y con una voz de mando que podía oírse en toda la cuadra, exclamó: —¡Ruben Ahlman, ven aquí! ¡Era la señora Ahlman!—.

Le dijo a Ruben que comprara el aviso para mí. En su boca se dibujó esta vez una gran sonrisa. Después ella me pidió los nombres de los cuatro comerciantes que me habían dicho que no. Fue hasta el teléfono y los llamó uno por uno. Me dio un abrazo y me dijo que esperaban que volviera a recoger sus avisos.

Ruben y Vivian Ahlman se convirtieron en grandes amigos nuestros amén de clientes constantes. Supe que Ruben era un hombre encantador que le compraba a todo el mundo. Le había prometido a Vivian que no compraría más publicidad. Simplemente, trataba de cumplir la promesa que le había hecho. Si hubiera consultado a otros en la ciudad, tal vez me habría enterado de que tendría que haber hablado desde el primer momento con la Sra. Ahlman. Esa conversación en los bancos del mostrador fue un momento decisivo. Mi negocio de publicidad prosperó y llegó a tener cuatro oficinas, con doscientos ochenta y cinco empleados que atendían cuatro mil cuentas permanentes.

Más adelante, cuando el Sr. Ahlman modernizó el negocio y sacó el mostrador, mi encantador marido, Bob, lo compró y lo instaló en mi oficina. Si usted estuviera aquí en California, nos sentaríamos juntos en los bancos junto al viejo mostrador. Yo le serviría una gaseosa y le diría que nunca se diera por vencido, que recordara que la ayuda está siempre mucho más cerca de lo que creemos.

Además le diría que si no puede comunicarse con una persona clave, busque más información. Pruebe por otro camino. Trate de encontrar a alguien que pueda hablar por usted y lo avale. Y, por último, le serviría estas palabras chispeantes y refrescantes de Bill Marriott, de los Hoteles Marriott:

> *¿Fracaso? Nunca lo viví.*
> *Lo que encontré fueron reveses temporarios.*

Dottie Walters

Para ser más creativo estoy esperando...

1. Inspiración
2. Permiso
3. Seguridad
4. Que el café esté listo
5. Mi turno
6. Alguien que me allane el camino
7. El resto de las reglas
8. Que alguien cambie
9. Canales más amplios
10. Venganza
11. Tener menos que perder
12. Más tiempo
13. Que una relación significativa:
    (a) mejore
    (b) termine
    (c) aparezca
14. La persona indicada
15. Un desastre
16. Que el tiempo se agote
17. Un desastre
18. Que los chicos se vayan de casa
19. Una fuerte alza de la bolsa
20. Que el león duerma con el cordero
21. Acuerdo mutuo
22. Un mejor momento
23. Un horóscopo más favorable
24. Recobrar mi juventud
25. El aviso de dos minutos
26. Que se reforme la profesión legal
27. Que Richard Nixon salga reelecto
28. La edad de permitirme el derecho a la excentricidad
29. Mañana
30. Comodines o algo mejor
31. Mi aguinaldo anual
32. Un círculo de amigos mejor
33. Tener más que ganar
34. Que empiece el semestre
35. Tener más despejado el camino
36. Que el gato deje de rasguñar el sofá

37. Una ausencia de riesgos
38. Que el perro que ladra al lado se vaya de la ciudad
39. Que mi sobrino termine el servicio militar
40. Que alguien me descubra
41. Seguros más adecuados
42. Una tasa de dividendos más baja
43. Que se acaben las limitaciones
44. Que mis padres mueran (¡broma!)
45. Una cura para el herpes o para el SIDA
46. Que desaparezcan las cosas que no entiendo o no apruebo
47. Que terminen las guerras
48. Que mi amor renazca
49. Que alguien observe
50. Una serie de instrucciones por escrito
51. Un mejor control de la natalidad
52. Que se apliquen los Derechos del Niño
53. El fin de la pobreza, la injusticia, la crueldad, el engaño, la incompetencia, la pestilencia, el crimen y las sugerencias ofensivas
54. Que expire la patente de la competencia
55. Que vuelva el Pato Donald
56. Que maduren mis subordinados
57. Que mi yo mejore
58. Que hierva el caldo
59. Mi nueva tarjeta de crédito
60. El afinador del piano
61. Que termine esta reunión
62. Cancelar mis deudas
63. Que se acaben los cheques de desempleo
64. La primavera
65. Que me traigan el traje de la tintorería
66. Restablecer mi autoestima
67. Una señal del Cielo
68. Que se terminen los gastos por alimentos
69. Las dotes de brillantez sepultadas en mis primeros esfuerzos vacilantes por ser reconocido, aplaudido y sustancialmente recompensado para poder trabajar tranquilo en el segundo borrador
70. Un nuevo libro
71. Que cedan diversos dolores y malestares
72. Colas más cortas en el banco
73. Que el viento refresque
74. Que mis hijos sean pensantes, prolijos, obedientes y autosuficientes
75. La próxima estación
76. Que otro se haga cargo
77. Que mi vida actual sea declarada un ensayo general con algunos cambios en el libreto antes del estreno
78. Que predomine la lógica
79. La próxima vez
80. Que no me tapes la luz

81. Que llegue mi pedido
82. Un desodorante mejor
83. Que esté terminada mi disertación
84. Un pincel con punta
85. El cheque para depositar
86. Que vuelvan mi mujer, la película o el bumerán
87. La aprobación de mi médico, el permiso de mi padre, la bendición de mi ministro o el visto bueno de mi abogado
88. La mañana
89. Un terremoto
90. Una época menos turbulenta
91. El Hombre de las Nieves
92. Una oportunidad para hablar por teléfono con tarifa reducida
93. Una mejor deducción fiscal
94. Que cedan mis deseos de fumar
95. Que bajen las tasas
96. Que suban las tasas
97. Que las tasas se estabilicen
98. Que hagan la sucesión de mi abuelo
99. Tasas de fin de semana
100. Una tarjeta magnética
101. Que vayas tú primero

David B. Campbell

Todos pueden hacer algo

La diferencia esencial entre un hombre común y un guerrero es que un guerrero toma todo como un desafío mientras que un hombre común toma todo como una bendición o una maldición.

Don Juan

Roger Crawford tenía todo lo necesario para jugar al tenis, excepto dos manos y una pierna.

Cuando los padres de Roger vieron por primera vez a su hijo, vieron a un bebé con una proyección parecida a un pulgar que le salía directamente del antebrazo derecho y un pulgar y un dedo pegados en el antebrazo izquierdo. No tenía palmas. Los brazos y piernas del bebé estaban acortados y tenía solamente tres dedos en el pie izquierdo encogido y una pierna izquierda atrofiada que más adelante sería amputada.

El médico dijo que Roger sufría de ectrodactilismo, un defecto de nacimiento muy raro que afecta solamente a uno de cada noventa mil niños que nacen en los Estados Unidos. El médico dijo que Roger probablemente nunca caminaría ni podría cuidarse solo.

"Mis padres siempre me enseñaron que sería todo lo discapacitado que quisiera ser —contaba Roger—. Nunca me permitieron sentir lástima por mí o sacar ventaja de la gente debido a mi incapacidad. Una vez, tuve problemas porque entregaba mis trabajos escolares siempre tarde —explicaba Roger, quien tenía que sostener el lápiz con las dos 'manos' para escribir con lentitud—. Le pedí a papá que escribiera una nota a mis profesores, pidiéndoles una ampliación de dos días para hacer mis tareas. ¡Lo que hizo papá fue obligarme a empezar los trabajos dos días antes!

El padre de Roger siempre lo alentó a participar en deportes, y le enseñó a atrapar y arrojar la pelota de vóley y a jugar al fútbol después del colegio. A los doce años, Roger ganó un lugar en el equipo de fútbol americano del colegio.

Antes de cada partido, Roger visualizaba su sueño de marcar un tanto. Y un día tuvo su oportunidad. La pelota aterrizó en sus brazos y corrió lo más rápido que podía con su pierna artificial hasta la meta, escuchando el aliento caluroso de su entrenador y sus compañeros de equipo. Pero al acercarse a la meta, un chico del otro equipo lo interceptó agarrándole el tobillo izquierdo. Roger trató de liberar su pierna artificial pero terminó quitándosela.

"Seguía de pie —recuerda—. No sabía qué hacer así que seguí saltando hacia la meta. El referí corrió y levantó los brazos. ¡Gol! Más que los seis puntos, lo increíble era ver la cara del otro chico con mi pierna artificial en la mano."

El amor de Roger por los deportes fue creciendo al igual que su confianza en sí mismo. Pero no todos los obstáculos cedieron ante su determinación. Comer en el comedor con los otros chicos mirándolo manipular mal la comida era muy doloroso para él, como su reiterado fracaso en la clase de mecanografía.

Aprendí una muy buena lección de la clase de mecanografía —decía Roger—. No se puede hacer todo, es mejor concentrarse en lo que uno puede hacer.

Una cosa que Roger sí podía hacer era mover una raqueta de tenis. Desgraciadamente, cuando la movía fuerte, en general volaba raqueta y todo. Por suerte,

Roger dio con una raqueta de tenis de aspecto extraño en una tienda de deportes y accidentalmente, al levantarla, metió el dedo en el mango de dos barras. La abertura permitió que Roger diera golpes, hiciera los servicios y voleas como cualquier jugador hábil. Empezó a practicar todos los días y muy pronto jugaba, y perdía partidos.

Pero Roger persistió. Practicó y practicó y jugó y jugó. Una operación en los dos dedos de su mano izquierda le permitió tomar mejor su raqueta especial, mejorando considerablemente su juego. Si bien no tenía modelos que lo guiaran, para Roger el tenis se convirtió en una obsesión y con el tiempo empezó a ganar.

Roger siguió jugando al tenis en la universidad, completando su carrera de tenista con veintidós triunfos y once derrotas. Más adelante, pasó a ser el primer jugador de tenis físicamente discapacitado con certificado de instructor profesional de la Asociación de Tenis Profesional de Estados Unidos. Actualmente, Roger hace giras por el país, dando charlas a grupos sobre lo que hace falta para ser ganador, sea quien fuere.

"La única diferencia entre ustedes y yo es que ustedes pueden ver mi deficiencia pero yo no puedo ver la de ustedes. Todos las tenemos. Cuando me preguntan cómo pude superar mis deficiencias físicas, digo que no he superado nada. Simplemente aprendí qué no puedo hacer, cómo tocar el piano o comer con palitos pero, lo que es más importante, aprendí qué puedo hacer. A partir de allí, hago lo que puedo con todo mi corazón y toda mi alma."

Jack Canfield

Sí, tú puedes

La experiencia no es lo que le pasa a un hombre. Es lo que un hombre hace con lo que le pasa.

Aldous Huxley

¿Qué pasaría si a los cuarenta y seis años sufriera quemaduras que lo dejaran irreconocible en un terrible accidente de moto y cuatro años después quedara paralizado de la cintura para abajo en un accidente de avión? ¿Se imagina convirtiéndose luego en millonario, orador público respetado, feliz recién casado y empresario de éxito? ¿Se ve haciendo *rafting*? ¿Volando en planeador? ¿Presentándose como candidato político?

W. Mitchell hizo todas estas cosas y más después de dos horribles accidentes que le dejaron la cara como un *patchwork* de diferentes colores de pieles, las manos sin dedos y las piernas flacas e inmóviles en una silla de ruedas.

Las dieciséis operaciones que soportó Mitchell después del accidente de moto que le quemó más del sesenta y cinco por ciento del cuerpo, lo dejaron imposibilitado de tomar un tenedor, marcar un número de teléfono o ir al baño sin ayuda. Pero Mitchell, ex infante de marina, nunca se sintió derrotado. "Estoy al mando de mi nave espacial. Yo subo o bajo. Soy libre de ver esta situación como un revés o un punto de partida", decía. A los seis meses, estaba piloteando nuevamente un avión.

Mitchell se compró una casa victoriana en Colorado, algunas propiedades inmobiliarias, un avión y un bar. Más adelante, formó un equipo con dos amigos y fundó una empresa de estufas a leña que llegó a ser la segunda fábrica con mayor número de empleados en Vermont.

Luego, cuatro años después del accidente de moto, el avión que Mitchell piloteaba se estrelló en la pista durante el despegue, produciéndole la fractura de la décimosegunda vértebra torácica y paralizándolo en forma permanente de la cintura para abajo. "Me preguntaba qué diablos me pasaba. ¿Qué había hecho para merecer eso?"

Sin flaquear, Mitchell trabajó día y noche para recuperar la mayor independencia posible. Fue elegido intendente de Crested Butte, Colorado, para salvar a la ciudad de la explotación minera que arruinaría su belleza y el medio ambiente. Mitchell se presentó luego como candidato para el Congreso, convirtiendo su extraña apariencia en una ventaja con slogans tipo "Basta de caras bonitas".

Pese a su aspecto al principio un poco chocante y a las desventajas físicas, Mitchell empezó a hacer *rafting*, se enamoró y se casó, hizo un Master en administración pública y siguió volando, trabajando activamente en cuestiones ecológicas y hablando en público.

La inquebrantable actitud mental positiva de Mitchell le valió presentaciones en el *Today Show* y *Good Morning America* al igual que artículos periodísticos en *Parade*, *Time*, *The New York Times* y otras publicaciones.

"Antes de quedar paralizado, había diez mil cosas que podía hacer —afirma Mitchell—. Ahora hay nueve mil. Puedo lamentar las mil perdidas o concentrarme en las nueve mil que me quedan. Le digo a la gente que tuve dos grandes choques en la vida. Si he optado por no usarlos como una excusa para darme por vencido, entonces algunas de las experiencias que lo están frenando pueden ser vistas bajo una nueva luz. Podemos retroceder, buscar un ángulo mejor y tener la posibilidad de decir: 'Tal vez no sea tan importante después de todo'.

Recuerde: "La cuestión no es qué le pasa, sino qué hace al respecto".

Jack Canfield y Mark V. Hansen

Corre, Patti, corre

A una edad muy temprana, Patti Wilson recibió de su médico el diagnóstico de que era epiléptica. Su padre, Jim Wilson, sale a correr todas las mañanas. Un día, sonrió detrás de su ortodoncia de quince años y dijo:

—Papá, si hay algo que realmente me gustaría hacer, es correr contigo todos los días, pero me da miedo tener un ataque.

—Si te ocurre, yo sé cómo manejarlo, así que vamos a correr —le dijo el padre.

Es lo que empezaron a hacer todos los días. Significó, para los dos, compartir una experienica maravillosa y mientras corría no tenía ataques. Después de unas semanas, Patti le dijo a su padre:

—Papá, me encantaría batir el record femenino de carrera de larga distancia.

El padre chequeó el *Guiness Book of World Records* y encontró que lo más lejos que había llegado una mujer eran ciento veintiocho kilómetros. Cuando estaba en primer año del secundario, Patti anunció: "Voy a correr desde Orange County hasta San Francisco". (Una distancia de seiscientos cuarenta kilómetros.) "Al año siguiente —continuó— voy a correr hasta Portland, Oregon." (Más de tres mil kilómetros). "Al año siguiente correré hasta St. Louis. (Unos cuatro mil kilómetros.)

"Después correré hasta la Casa Blanca." (Más de seis mil kilómetros.)

En vista de su deficiencia, Patti era tan ambiciosa como entusiasta, pero decía que, para ella, la desventaja de ser epiléptica era simplemente "una incomodidad". No se concentraba en lo que había perdido, sino en lo que le había quedado.

Ese año, realizó su carrera a San Francisco con una remera que decía "I Love Epileptics". Su padre corrió cada kilómetro a su lado, y la madre, enfermera, los siguió en una camioneta por si había alguna complicación.

En la clase de segundo año, los compañeros de Patti corrieron detrás de ella. Armaron un poster gigante que decía, "¡Corre, Patti, corre!" (Desde entonces es su lema y el título de un libro que escribió.) En su segundo maratón, de camino a Portland, se fracturó un hueso del pie. Un médico le dijo que debía dejar de correr. "Tengo que ponerte un yeso en el tobillo para que no te quede un daño permanente."

"Doctor, usted no entiende —le dijo—. Esto no es un capricho, ¡es una magnífica obsesión! No lo hago sólo por mí, lo hago para romper las cadenas de los cerebros que limitan a tantos otros. ¿No hay alguna manera de que pueda seguir corriendo?"

Le dio una opción. Podía envolvérselo con algo adhesivo en vez de ponerle un yeso. Le advirtió que sería sumamente doloroso y le dijo: "Se te ampollará". Le pidió al médico que se lo envolviera.

Terminó la carrera a Portland, completando su último kilómetro con el gobernador de Oregon. Tendría que haber visto los titulares: "Súper corredora, Patti Wilson termina el maratón por la epilepsia el día que cumple diecisiete años".

Después de cuatro meses corriendo casi constantemente desde la Costa Oeste hasta la Costa Este, Patti llegó a Washington y le estrechó la mano al Presidente de los Estados Unidos.

"Quería que la gente supiera que los epilépticos somos seres humanos normales, con vidas normales", le dijo.

Conté esta historia en uno de mis seminarios no hace mucho tiempo y al terminar, se me acercó un hombre con los ojos llenos de lágrimas, me extendió su mano grandota y me dijo: "Mark, mi nombre es Jim Wilson. Usted hablaba de mi hija, Patti". Me contó que gracias a sus nobles esfuerzos, se había reunido dinero suficiente para abrir diecinueve centros para epilépticos muy costosos en todo el país.

Si Patti Wilson puede hacer tanto con tan poco, ¿qué podemos hacer nosotros para superarnos estando perfectamente bien?

Mark V. Hansen

El poder de la determinación

La pequeña escuelita rural era calefaccionada con una vieja estufa de carbón rechoncha y anticuada. Un chiquito tenía asignada la tarea de llegar al colegio temprano todos los días para encender el fuego y calentar el aula antes de que llegaran su maestra y sus compañeros.

Una mañana, llegaron y encontraron la escuela envuelta en llamas. Sacaron al niño inconsciente del edificio incendidado más muerto que vivo. Tenía quemaduras graves en la mitad inferior de su cuerpo y lo llevaron urgente al hospital del condado.

En su cama, el niño horriblemente quemado y seminconsciente, oía al médico que hablaba con su madre. Le decía que seguramente su hijo moriría —que era lo mejor que podía pasar, en realidad—, pues el fuego había destruido la parte inferior de su cuerpo.

Pero el valiente niño no quería morir. Decidió que sobreviviría. De alguna manera, para gran sorpresa del médico, sobrevivió. Una vez superado el peligro de muerte, volvió a oír a su madre y al médico hablando despacito. Dado que el fuego había destruido tanta carne de la parte inferior de su cuerpo, le decía el médico a la madre, habría sido mucho mejor que muriera, ya que estaba condenado a ser inválido toda la vida, sin la posibilidad de usar sus extremidades inferiores.

Una vez más, el valiente niño tomó una decisión. No sería un inválido. Caminaría. Pero desgraciadamente, de la cintura para abajo, no tenía capacidad motriz. Sus delgadas piernas colgaban, sin vida.

Finalmente, le dieron el alta. Todos los días, su madre le masajeaba las piernas, pero no había sensación, ni control, nada. No obstante, su determinación de caminar era más fuerte que nunca.

Cuando no estaba en la cama, estaba confinado en una silla de ruedas. Una mañana soleada, la madre lo llevó al patio para que tomara aire fresco. Ese día, en lugar de quedarse sentado, se tiró de la silla. Se impulsó sobre el césped arrastrando las piernas.

Llegó hasta el cerco de postes blancos que rodeaba el jardín de su casa. Con gran esfuerzo, se subió al cerco. Allí, poste por poste, empezó a avanzar por el cerco, decidido a caminar. Empezó a hacer lo mismo todos los días hasta que hizo una pequeña huella junto al cerco. Nada quería más que darles vida a esas dos piernas.

Por fin, gracias a sus masajes diarios, su persistencia férrea y su resuelta determinación, desarrolló la capacidad, primero de pararse, luego caminar tambaleándose y finalmente caminar solo, y después correr.

Empezó a ir caminando al colegio, después corriendo, por el simple placer de correr. Más adelante, en la universidad, formó parte del equipo de carrera sobre pista.

Y aún después, en el Madison Square Garden, este joven que nadie tenía esperanzas de que sobrevivera, que nunca caminaría, que nunca tendría la posibilidad de correr, este joven determinado, el Dr. Glenn Cunningham, ¡corrió el kilómetro más veloz del mundo!

Burt Dubin

Fe

Somos una raza fuerte, los cuadripléjicos. Si no fuera así, no estaríamos hoy aquí. Sí, somos una raza fuerte. En muchos sentidos, fuimos bendecidos con una alegría y un espíritu que no les son dados a todos.

Y permítame decirle que esta negativa a aceptar la propia incapacidad deriva de una cosa: la fe, una fe casi divina.

En la sala de recepción del Instituto de Medicina Física y Rehabilitación, en el East River, 400 East 34th Street de Nueva York, hay una placa de bronce clavada en la pared. Durante los meses que volvía al Instituto para mi tratamiento, dos o tres veces por semana, pasé muchas veces por esa sala de recepción, a la ida y a la vuelta. Pero nunca encontré el momento de desviarme a un costado y leer las palabras de la placa que fueron escritas, según dicen, por un soldado confederado desconocido. Una tarde, lo hice. La leí y volví a leerla. Cuando terminé la segunda vez, estaba a punto de llorar, no con desesperación, sino con un fuego interior que me hizo apretar con fuerza los brazos de mi silla de ruedas. Me gustaría compartirlo:

Credo para los que han sufrido

Le pedí fuerza a Dios, para poder triunfar.
Fui hecho débil, para que pudiera aprender humildemente a obedecer...

Pedí salud, para poder hacer grandes cosas.
Recibí la enfermedad, para que pudiera hacer cosas mejores...

Pedí riqueza, para poder ser feliz.
Recibí pobreza, para que pudiera ser sabio...

Pedí poder, para lograr el elogio de los hombres.
Recibí debilidad, para que pudiera sentir la necesidad de Dios...

Pedí todas las cosas, para poder gozar de la vida.
Me fue dada la vida, para que pudiera disfrutar de todas las cosas...

No tengo nada de lo que pedí, pero sí todo lo que esperaba.

Casi a pesar de mí mismo, mis plegarias silenciosas fueron atendidas.

¡He sido, entre todos los hombres, sobradamente bendecido!

Roy Campanella

Salvó doscientas diecinueve vidas

La Sra. Betty Tisdale es una heroína de nivel internacional. Cuando la guerra de Vietnam se desarrollaba en toda su intensidad allá por abril de 1975, sintió que debía salvar a cuatrocientos huérfanos que estaban a punto de ser puestos en la calle. Con su marido, el Coronel Patrick Tisdale, ex pediatra viudo y padre de cinco hijos, ya había adoptado a cinco niñas huérfanas vietnamitas.

En 1954, Tom Dooley, un médico naval norteamericano en Vietnam había ayudado a refugiados a huir del norte comunista. Betty consideraba que Tom Dooley era un santo. "Su influencia cambió mi vida para siempre". Motivada por el libro de Dooley, tomó los ahorros de su vida y viajó catorce veces a Vietnam en sus vacaciones para visitar y trabajar en los hospitales y orfanatos que él había fundado. Estando en Saigón, se enamoró de los huérfanos de An Lac (Lugar Feliz), dirigido por madame Vu Thi Ngai, quien posteriormente sería evacuada por Betty el día que cayó Vietnam, y volvió con ella a Georgia para vivir con Betty y sus diez hijos.

Cuando Betty, que es de esas personas expeditivas que inventan soluciones cuando se presentan los problemas, se dio cuenta del peligro que corrían los cuatrocientos niños, se puso inmediatamente en acción. Llamó a madame Ngai y le dijo:

"¡Sí! Iré a buscar a los niños y los adoptaré". No sabía cómo lo haría. Sabía solamente que iba a hacerlo. Más tarde, en una película de la evacuación, *Los niños de An Lac*, Shirley Jones hizo el papel de Betty.

En instantes, empezó a mover montañas. Reunió el dinero suficiente de maneras muy diferentes. Simplemente, decidió hacerlo y lo hizo.

"Veía a todos esos bebés creciendo en buenos hogares cristianos en Estados Unidos, no bajo el comunismo", contaba. Eso la mantenía motivada.

Partió rumbo a Vietnam desde Fort Benning, Georgia, el domingo, y llegó el martes a Saigón, y milagrosa e incansablemente para el sábado siguiente, había vencido todos los obstáculos hasta sacar de Saigón, en avión, a los cuatrocientos niños. Sin embargo, a su llegada, el director de bienestar social de Vietnam, el Dr. Dan, le anunció de pronto que sólo admitiría a los chicos menores de diez años y que todos debían tener certificados de nacimiento. En seguida, se dio cuenta de que los huérfanos de guerra tienen simplemente la fortuna de estar vivos. No tienen partidas de nacimiento.

Betty fue al departamento de pediatría del hospital, consiguió doscientos veinticinco partidas de nacimiento, y creó rápidamente fechas, lugares y horas de nacimiento para los doscientos diecinueve bebés, niños y chiquillos. Cuenta: "No tenía ni la menor idea de cuándo, dónde y de quién nacieron. Mis dedos sólo inventaban". Las partidas de nacimiento eran la única esperanza que tenían de abandonar el lugar a salvo y tener un futuro viable con libertad. Era ahora o nunca.

Después, necesitaba un lugar para albergar a los huérfanos una vez que fueran evacuados... Los militares de Fort Benning se resistían, pero Betty, de una manera brillante y tenaz, insistió. Por más que lo intentara, no podía hablar por teléfono con el Comandante General, de modo que llamó a la oficina del Secretario del Ejército, Bo Callaway. Su deber también era no responder las llamadas de Betty, por urgentes e importantes que fueran. Sin embargo, Betty no iba a darse por vencida así nomás. Había llegado muy lejos y hecho mucho para detenerse a esa altura. De modo que, teniendo en cuenta que era de Georgia, llamó a su madre y le pidió ayuda. Betty logró conmoverla y le pidió que intercediera. Casi de la noche a la mañana, el Secretario del Ejército, su hijo, respondió e hizo los arreglos necesarios para que la escuela de Fort Benning fuera usada como hogar provisorio para los huérfanos de An Lac.

Pero todavía quedaba por superar el desafío de cómo evacuar a los niños. Cuando Betty llegó a Saigón, fue de inmediato a ver al Embajador Graham Martin y le pidió algún tipo de transporte para los niños. Había tratado de contratar un avión de Pan Am, pero Lloys de Londres había subido tanto el seguro que era imposible negociar. El Embajador consintió en ayudarla si se tramitaban todos los papeles a través del gobierno vietnamita. El Dr. Dan firmó el último documento, literalmente cuando los chicos embarcaban en dos aviones de la fuerza aérea.

Los huérfanos estaban mal alimentados y enfermos. La mayoría de ellos nunca habían salido del orfanato. Estaban asustados. Betty había reclutado soldados y una tripulación para que la ayudaran a instalarlos, transportarlos y alimentarlos. Fue increíble lo emocionados que se sintieron esos voluntarios aquel bellísimo sábado en que los doscientos diecinueve niños fueron transportados a la libertad. Todos lloraban de alegría y agradecimiento por haber contribuido de una manera tan concreta a la libertad de otros.

Conseguir aviones para volver a Estados Unidos desde Filipinas fue todo un embrollo. Un avión de United Airlines representaba un gasto de veintiún mil dólares. El Dr. Tisdale, garantizó el pago debido a su amor por los huérfanos. ¡Si Betty hubiera tenido más tiempo, probablemente lo habría obtenido gratis! Pero el factor tiempo era importante y tenía que actuar rápido.

Al mes de llegar a Estados Unidos, todos los chicos ya habían sido adoptados. La agencia luterana Tressler, en York, Pennsylvania, que se especializa en lograr la adopción de niños minusválidos, encontró un hogar para cada huérfano.

Betty probó una y otra vez que todo puede lograrse con sólo estar dispuestos a pedir, a no rendirnos ante un "no", a hacer todo lo necesario y a perseverar.

Como dijo en una oportunidad el Dr. Tom Dooley: "Para hacer cosas fuera de lo común lo único que hace falta es gente común".

Jack Canfield y Mark V. Hansen

¿Va a ayudarme?

En 1989, un terremoto de magnitud 8.2 sacudió a Armenia, matando a más de treinta mil personas en menos de cuatro minutos.

En medio de la devastación y el caos total, un padre dejó a su mujer a salvo en la casa, corrió al colegio donde se suponía debía estar su hijo y al llegar, descubrió que el edificio había quedado chato como un panqueque.

Después del trauma del shock inicial, se acordó de la promesa que le había hecho a su hijo: "Pase lo que pase, ¡siempre estaré para ayudarte!" Y se echó a llorar. Al mirar la pila de escombros que en algún momento habían sido la escuela, parecía no haber esperanza, pero no obstante siguió recordando el compromiso con su hijo.

Empezó a concentrarse en el camino que hacía cada mañana cuando llevaba a su hijo al colegio. Al recordar que el aula de su hijo debía de estar en el ángulo derecho posterior del edificio, corrió hasta allí y empezó a cavar entre los cascotes.

Mientras cavaba, llegaron otros padres desolados, que se golpeaban el corazón exclamando: "¡Mi hijo!" "¡Mi hija!" Otros padres bien intencionados trataron de apartarlo de lo que había quedado de la escuela. Decían:

—¡Es demasiado tarde!

—¡Están muertos!

—¡No puede ayudar!

—¡Váyase a su casa!

—Vamos, enfrente la realidad, no hay nada que pueda hacer!

—¡No hace más que empeorar las cosas!

A cada uno, él respondía con la misma frase: —¿Va a ayudarme ahora? —Y luego seguía removiendo piedra por piedra para encontrar a su hijo.

El jefe de bomberos se presentó y trató de alejarlo de los escombros de la escuela: —Están propagándose incendios, hay explosiones por todas partes. Corre peligro. Nosotros nos encargaremos —le dijo—. ¿Va a ayudarme ahora? —respondió este padre armenio amoroso y abnegado.

Llegó la policía y alguien le dijo: —Está enojado, angustiado y ya pasó. Pone en peligro a los demás. Váyase a su casa. ¡Nosotros lo manejaremos!

Al oír esto, replicó:

—¿Va a ayudarme ahora? —Nadie lo ayudó.

Valientemente, siguió solo porque necesitaba saber por sí mismo si su hijo estaba vivo o muerto.

Cavó durante ocho horas... doce horas... veinticuatro horas... treinta y seis horas... entonces, cuando habían pasado treinta y ocho horas, movió una piedra grande y oyó la voz de su hijo. Gritó su nombre: —¡ARMAND! —¡¿Papá?! ¡Soy yo, papá! Les dije a los otros chicos que no se preocuparan. Les dije que si estabas vivo, me salvarías y al salvarme a mí, estarían a salvo. Lo prometiste: "¡Pase lo que pase, siempre estaré para ayudarte!" Lo hiciste, papá.

—¿Cómo están las cosas ahí? ¿Qué pasa? —preguntó el padre.

—Quedamos catorce de los treinta y tres, papá. Estamos asustados, tenemos hambre, sed y nos alegra que estés aquí. Cuando el edificio se derrumbó, se formó una cuña, como un triángulo y nos salvó.

—¡Ven, sal de ahí, hijo!

—No, papá. Primero que salgan los otros chicos, porque sé que me salvarás. Pase lo que pase, sé que estarás para ayudarme.

Mark V. Hansen

Sólo una vez más

Hay una novela del siglo XIX ambientada en una pequeña ciudad galesa en la que cada año, durante los últimos cinco siglos todo el pueblo se reúne en la iglesia en Nochebuena para rezar. Poco antes de medianoche, encienden antorchas y, cantando himnos y cánticos, recorren un camino varios kilómetros hasta una cabaña de piedra abandonada. Allí, arman un nacimiento con un pesebre. Y en actitud piadosa, se arrodillan y rezan. Sus himnos entibian el frío aire de diciembre. Todos en el pueblo son capaces de llegar hasta ahí.

Existe un mito en la ciudad, una creencia en que si todos los ciudadanos están presentes en Nochebuena, si todos rezan con perfecta fe, recién entonces, al dar la medianoche, se producirá la Segunda Venida. Y durante quinientos años han venido hasta esa ruina de piedras a orar. Sin embargo, la Segunda Venida los ha eludido.

En la novela le preguntan a uno de los personajes principales:

—¿Crees que vendrá nuevamente en Nochebuena a nuestra ciudad?

—No —responde, moviendo tristemente la cabeza—, no lo creo.

—¿Entonces, por qué vas todos los años? —le pregunta.

—Ah —dice sonriendo— ¿y si fuera el único que no está cuando ocurre?

Bueno, no tiene demasiada fe, ¿no? Pero es algo de fe. Como dice en el Nuevo Testamento, sólo necesitamos tener una fe del tamaño de un grano de mostaza para entrar en el Reino de los Cielos. Y a veces, cuando trabajamos con chicos perturbados, jóvenes con riesgos, adolescentes con problemas, parejas de alcohólicos, o de agresivos o deprimidos o suicidas, clientes o amigos... es en esos momentos cuando necesitamos esa pequeña cantidad de fe que hacía volver a ese hombre a las ruinas de piedra en Nochebuena. Sólo una vez más. Sólo esta vez, y quizá después se produzca el avance.

A veces nos llaman para trabajar con personas que para los demás ya no tienen ninguna esperanza. Tal vez nosotros mismos hemos llegado a la conclusión de que no hay posibilidad de cambio o de crecimiento. Es en ese momento cuando, si podemos encontrar el resto más pequeño de esperanza, podemos dar un giro, lograr un beneficio, salvar a alguien que vale la pena salvar. Por favor, vuelve amigo, sólo una vez más.

Hanoch McCarty

Hay grandeza a tu alrededor. Aprovéchala

Muchos podrían ser campeones olímpicos. Todos los que nunca lo intentaron. Supongo que cinco millones de personas podrían haberme vencido en el salto con garrocha los años en que yo gané, por lo menos cinco millones. Hombres que eran más fuertes, más grandes y más rápidos que yo podrían haberlo hecho, pero nunca tomaron una garrocha, nunca hicieron el más mínimo esfuerzo por levantar sus piernas del suelo para saltar por encima de la barra.

La grandeza nos rodea. Es fácil ser grande porque los grandes ayudan. Lo fantástico que tienen las convenciones a las que asisto es que los mejores de cada actividad se reúnen allí para compartir sus ideas, sus métodos y sus técnicas con todos los demás. He visto cómo el mejor vendedor se abría a los vendedores jóvenes y les mostraba en detalle cómo trabajaba. No se contienen. También lo he visto en el mundo de los deportes.

Nunca olvidaré el momento en que trataba de batir el record de Dutch Warmer Dam. Estaba unos treinta centímetros por debajo de su record, de modo que lo llamé por teléfono.

—Dutch, ¿puedes ayudarme? —le dije—. Creo que me estanqué. No puedo llegar más alto.

—Seguro, Bob, ven a verme y te diré cómo hago yo —dijo—. Pasé tres días con el maestro, el mejor saltador de garrocha del mundo. Durante tres días, Dutch me comunicó todo lo que había visto. Había cosas que yo hacía mal y me las corrigió. Para no alargar la cosa inútilmente, subí veinte centímetros. Ese gran tipo me dio lo mejor que tenía. También he encontrado campeones y héroes deportivos dispuestos a ayudar a otros a ser grandes.

John Wooden, el gran entrenador de básquetbol de la UCLA, tiene un método de ayudar cada día a alguien que nunca pueda retribuírselo. Es su obligación.

Cuando estaba en la universidad trabajando en su tesis sobre actividades infantiles y fútbol americano defensivo, George Allen escribió un cuestionario de treinta páginas y lo envió a los grandes entrenadores del país. Un ochenta y cinco por ciento lo respondió en su totalidad.

Los grandes comparten, con lo cual resulta que George Allen es uno de los mayores entrenadores de fútbol americano del mundo. Los grandes cuentan sus secretos. Búsquelos, llámelos por teléfono o compre sus libros. Vaya adonde están ellos, acérqueseles, hable con ellos. Es fácil ser grande cuando se está entre grandes.

Bob Richards
Atleta Olímpico

7

SABIDURÍA ECLÉCTICA

Esta vida es un ensayo. Es sólo un ensayo. Si hubiera sido una vida de verdad habríamos recibido más instrucciones con explicaciones acerca de adónde ir y qué hacer.

Hallado en una cartelera

Trato hecho

Cuando Marita tenía trece años, estaban de moda las remeras desteñidas y los jeans gastados. Si bien yo había crecido durante la Depresión y sin dinero para ropa, nunca me había vestido pobremente. Un día, la vi a la orilla del camino frotando las costuras de los jeans contra el polvo y las piedras. Me dio mucha rabia que arruinara esos pantalones que acababa de comprarle y fui a decírselo. Mientras yo representaba mi telenovela de la privación infantil, ella seguía frotando. Al terminar, sin haber provocado en ella ninguna lágrima de arrepentimiento, le pregunté por qué estropeaba sus jeans nuevos.

—No se pueden usar nuevos —me respondió sin levantar la vista.

—¿Por qué no?

—Porque no, por eso los arruino para que parezcan viejos. —¡Qué falta total de lógica! ¿Cómo podía estar de moda arruinar ropa nueva?

Todas las mañanas, cuando salía para el colegio, la miraba y suspiraba: "Mi hija con semejante aspecto". Y ahí estaba, de pie, con una remera vieja del padre, desteñida, con grandes tiras y manchas azules. Para trapo, pensaba. Y esos jeans tan ajustados que me daba la sensación de que si respiraba hondo reventarían atrás. ¿Pero cómo iban a soltarse? Le quedaban tan ajustados que no se podían mover. Los dobladillos deshilachados con la ayuda de las piedras tenían flecos que se arrastraban cuando caminaba.

Un día, cuando ya se había ido al colegio, sentí que el Señor me llamaba la atención diciéndome:

—¿Te das cuenta de cuáles son las últimas palabras que le dices a Marita todos los días?: "Mi hija con semejante aspecto". Cuando llega al colegio y los amigas hablen de sus madres anticuadas que se quejan todo el tiempo, tendrá para aportar tus constantes comentarios. ¿Alguna vez miraste a las demás chicas de la secundaria? ¿Por qué no les echas un vistazo?

Ese día fui a buscarla y observé que muchas de las otras chicas lucían aún peor. En el camino de vuelta, mencioné que mi reacción con sus jeans había sido exagerada. Le propuse un acuerdo:

—De aquí en más, puedes ponerte lo que quieras para ir al colegio y con tus amigos y no voy a fastidiarte.

—Va a ser un alivio.

—Pero cuando vengas conmigo a la iglesia, o a hacer compras, o a visitar a mis amigos, me gustaría que te vistieras con algo que sepas que me gusta sin tener que decirte ni una palabra.

Lo pensó.

—Significa noventa y cinco por ciento a tu modo y cinco por ciento al mío —agregué—. ¿Qué te parece?

Una chispa se encendió en sus ojos al extender su mano y estrechar la mía:

—¡Madre, trato hecho!

A partir de ese momento, empecé a despedirme de ella alegremente en la mañana y no la fastidié más con la ropa. Cuando salía conmigo, se vestía como correspondía sin hacer escándalo. ¡Teníamos un trato!

Florence Littauer

Tómese un momento para ver de verdad

Todos hemos oído la expresión: "Acuérdate de detenerte a oler las rosas". Pero, ¿con cuánta frecuencia en nuestras ajetreadas vidas nos tomamos el tiempo necesario para percibir el mundo que nos rodea? La mayoría de las veces, estamos demasiado atrapados por nuestros horarios, los pensamientos acerca de nuestra siguiente cita, el tránsito o la vida en general, para darnos cuenta de que hay otras personas cerca, aunque más no sea.

Soy culpable como el que más por salirme de la sintonía del mundo de esta manera, en especial cuando conduzco por las superpobladas calles de California. Sin embargo, hace poco presencié un hecho que me mostró de qué manera el estar envuelto en mi pequeño mundo, me impedía tomar conciencia de la imagen más amplia del mundo que me rodea.

Iba a una cita de trabajo y, como de costumbre, planeaba en mi mente qué pensaba decir. Llegué a un cruce muy atestado en el que el semáforo acababa de ponerse en rojo. "Muy bien —pensé—, si les saco ventaja a los demás podré pasar la próxima luz."

Mi mente y mi auto estaban en piloto automático, listos para arrancar, cuando de repente mi trance fue interrumpido por una visión inolvidable. Una pareja joven, los dos ciegos y tomados del brazo, caminaba en esta bulliciosa intersección entre autos que pasaban zumbando en todas direcciones. El hombre llevaba de la mano a un niño pequeño, mientras que la mujer cargaba contra su pecho a un bebé en su mochila. Los dos sostenían un bastón blanco extendido, buscando pistas que los orientaran en la esquina.

En un primer momento, me emocioné. Estaban superando lo que era para mí una de las deficiencias más temidas: la ceguera. "¡Qué terrible es ser ciego!", pensé. Mi pensamiento se vio rápidamente interrumpido por el horror cuando vi que la pareja no caminaba por la línea peatonal, sino que iba en diagonal, directamente hacia el centro mismo del cruce. Sin darse cuenta del peligro que corrían, caminaban justo por la mano de los autos que venían. Sentí miedo por ellos porque no sabía si los demás conductores se daban cuenta de lo que pasaba.

Mientras miraba desde la primera hilera de autos (tenía la mejor ubicación), vi cómo se desarrolló un milagro ante mis ojos. Todos los autos, desde todas las direcciones, frenaron al unísono. No oí chirriar de frenos ni el sonido de una bocina. Tampoco nadie gritó; "¡Salgan del paso!" Todo se congeló. En ese momento, el tiempo pareció detenerse para esa familia.

Asombrado, miré los autos que había a mi alrededor para cerciorarme de que todos veíamos lo mismo. Noté que la atención de todos se dirigía a la pareja. De pronto, el conductor a mi derecha reaccionó. Asomó su cabeza por la ventanilla y gritó, "¡A la derecha, a la derecha!" Otros le siguieron al unísono: "¡A la derecha!"

Sin alterarse ni por un instante, la pareja ajustó su rumbo de acuerdo a las instrucciones. Confiando en sus bastones blancos y los gritos de algunos ciudadanos preocupados, giraron hacia el otro lado de la calle. Cuando por fin llegaron al cordón, algo me sorprendió: seguían del brazo.

Me impresionaron las expresiones sin emoción de sus caras y consideré que no tenían idea de lo que pasaba a su alrededor. Por otro lado, en seguida sentí los suspiros de alivio exhalados por todos los que estábamos detenidos por el semáforo.

Al mirar los autos que me rodeaban, entreví que el conductor de la derecha articulaba: "¡Uauh, por un pelo!" El de la izquierda decía: "¡Es increíble!" Creo que todos estábamos muy emocionados con lo que acabábamos de presenciar. Todos esos seres humanos habíamos salido por un momento de nosotros mismos para ayudar a otros cuatro que lo necesitaban.

Desde que ocurrió, he pensado muchas veces en esta situación y aprendido varias lecciones importantes. La primera es: "Detente para oler las rosas". (Algo que rara vez había hecho hasta entonces.) Tomarse el tiempo de mirar alrededor y ver realmente qué pasa frente a nuestros ojos en este preciso instante. Hágalo y se dará cuenta de que este momento es todo lo que tenemos. Más importante todavía, este momento es todo lo que tenemos para cambiar nuestra vida.

La segunda lección que aprendí es que los objetivos que nos fijamos pueden alcanzarse mediante la fe en nosotros mismos y la confianza en los demás, pese a los obstáculos aparentemente insuperables.

La meta de la pareja ciega era llegar al otro lado de la calle indemne. Su obstáculo eran ocho filas de autos que les apuntaban. No obstante, sin pánico ni duda, avanzaron hasta alcanzar su objetivo.

Nosotros también podemos avanzar para alcanzar nuestros objetivos, poniéndonos anteojeras para no ver los obstáculos que se interponen en nuestro camino. Sólo necesitamos confiar en nuestra intuición y aceptar la guía de otros que puedan tener una mayor percepción.

Por último, aprendí a apreciar realmente el don de la vista, algo que con demasiada frecuencia había dado por sentado. ¿Se imagina lo distinta que sería su vida sin sus ojos? Trate de imaginarse por un momento caminando por una bulliciosa esquina sin poder ver. Cuántas veces olvidamos los dones simples y a la vez increíbles que tenemos en nuestra vida.

Al alejarme de aquel cruce, lo hice con una mayor conciencia de la vida y compasión por los demás. Desde entonces, tomé la decisión de ver la vida mientras realizo mis actividades diarias y usar los talentos que Dios me ha dado para ayudar a otros menos afortunados.

Hágase un favor mientras camina por la vida: haga un alto y tómese tiempo para ver realmente. Tómese un momento para ver qué pasa a su alrededor, en este preciso instante, exactamente donde está ahora. Tal vez se le esté escapando algo maravilloso.

J. Michael Thomas

Si volviera a vivir

Entrevistas con ancianos y enfermos terminales indican que las personas no lamentan las cosas que hicieron, sino que hablan más bien de las cosas que lamentan no haber hecho.

Si tuviera otra oportunidad, me animaría a cometer más errores.
Me relajaría. Sería más flexible.
Sería más tonto de lo que fui en este viaje.
Me tomaría menos cosas con seriedad.
Correría más riesgos.
Haría más viajes.
Escalaría más montañas y nadaría en más ríos.
Comería más helado y menos garbanzos.
Tal vez tendría más problemas reales pero menos problemas imaginarios.
Sabe, soy de los que viven con sensatez y sanamente hora tras hora, día tras día.
Oh, he tenido mis momentos y si volviera a vivir, tendría más. De hecho, trataría de no tener otra cosa. Sólo momentos.
Uno tras otro, en lugar de vivir tantos años por adelantado cada día.
He sido de esas personas que no van a ninguna parte sin un termómetro, una botella de agua caliente, un impermeable y un paracaídas.

Si tuviera que volver a vivir, la próxima vez viajaría más liviano.
Si tuviera que volver a vivir, empezaría a andar descalzo más temprano en la primavera y seguiría así más tarde en el otoño.
Iría a más bailes.
Subiría a más calesitas.
Cortaría más margaritas.

Nadine Stair
(ochenta y cinco años)

Dos monjes

Dos monjes en peregrinación llegaron a la orilla de un río. Allí, vieron a una joven vestida con mucha elegancia. Era evidente que no sabía qué hacer, ya que el río estaba crecido y no quería arruinar su ropa. Sin vacilar, uno de los monjes la cargó sobre su espalda, cruzó el río y la dejó en la orilla del otro lado.

Luego, ambos monjes continuaron su camino. Pero, después de una hora, el otro monje empezó a lamentarse. "Ciertamente, no está bien tocar a una mujer; tener un contacto cercano con mujeres va contra los mandamientos. ¿Cómo pudiste ir en contra de las reglas de los monjes?"

El monje que había cargado a la joven siguió caminando en silencio, hasta que finalmente señaló: "Yo la dejé junto al río hace una hora, ¿tú todavía la traes contigo?"

Irmgard Schloegl
La sabiduría de los maestros Zen

Sachi

Al poco tiempo de nacer su hermana, la pequeña Sachi empezó a pedirles a sus padres que la dejaran sola con el recién nacido. Éstos temían que, como ocurre con la mayoría de los chicos de cuatro años, se sintiera celosa y quisiera golpearlo o sacudirlo, de modo que dijeron que no. Pero ella no mostraba indicios de celos. Trataba al bebé con dulzura y sus ruegos para que la dejaran sola con él se volvieron más apremiantes. Decidieron permitírselo.

Regocijada, fue al cuarto del bebé y cerró la puerta de un golpe, pero rebotó y dejó abierta una rendija suficientemente grande como para que sus padres espiaran y escucharan. Vieron que la pequeña Sachi caminaba despacio hasta donde estaba su hermanito, acercaba su cara a la de él y le decía bajito: "Bebé, dime cómo es Dios. Empiezo a olvidarme".

Dan Millman

El don del delfín

Estaba en el agua, a unos ciento veinte metros de profundidad, sola. Sabía que no tendría que haber ido sin compañía, pero nadaba bien y corrí el riesgo. No había demasiada corriente y el agua era cálida, clara y tentadora. Cuando tuve el calambre, me di cuenta de lo tonta que había sido. No me asusté mucho, pero los calambres de estómago me doblaron. Traté de quitarme el cinturón del equipo, pero estaba tan doblada que no podía llegar a la hebilla. Me hundía y empecé a sentirme más asustada, incapaz de moverme. Veía mi reloj y sabía que faltaba muy poco para que el tanque se quedara sin aire. Traté de masajearme el abdomen. No llevaba traje de buzo, pero no podía estirarme y no podía alcanzar los músculos acalambrados con mis manos.

Pensé: "¡No puedo morirme así! ¡Tengo mucho que hacer!" No podía morir anónimamente de esa forma, sin que nadie supiera qué me había pasado siquiera. Grité mentalmente: "¡Alguien, por favor, ayúdeme!"

No estaba preparada para lo que pasó. De repente, sentí un aguijonazo por debajo de mi axila. Pensé: "¡Oh, no, tiburones!" Sentí un terror y una desesperación terribles. Pero algo levantaba mi brazo. En mi campo visual apareció un ojo, el ojo más maravilloso que he imaginado en mi vida. Juro que sonreía. Era el ojo de un gran delfín. Al ver ese ojo, supe que estaba a salvo.

Se adelantó más, me tocó levemente y enganchó su aleta dorsal debajo de mi axila, con mi brazo sobre su lomo. Me relajé, lo abracé y me invadió una ola de alivio. Sentía que ese animal me transmitía seguridad, que me curaba al tiempo que me elevaba a la superficie. Mis calambres se desvanecieron a medida que ascendíamos y me relajé con seguridad, pero con mucha fuerza sentía que también me sanaba.

Ya en la superficie, me llevó hasta la costa. Me llevó hasta aguas tan poco profundas que empezó a preocuparme que encallara, de modo que lo empujé hacia atrás un poquito, donde se quedó esperando, observándome, supongo que para ver si yo estaba bien.

Parecía otra vida. Cuando me quité el cinturón y el tanque de oxígeno, me quité también todo lo que demás y caminé desnuda en el océano hacia el delfín. Me sentía absolutamente liviana, libre y viva, y lo único que quería era jugar bajo el sol en el agua con toda esa libertad. El delfín me arrastró otra vez y jugó conmigo. Noté que más lejos, había un montón de delfines más.

Después de un rato, me trajo nuevamente hasta la costa. Para entonces, yo estaba muy cansada, casi desvanecida y se aseguró de que me quedara a salvo en el agua menos profunda. Luego, se puso de costado y me miró con un ojo. Permanecimos así durante lo que me pareció mucho tiempo, una eternidad supongo, casi en trance, con pensamientos personales del pasado dándome vueltas en la cabeza. Luego, hizo otro sonido más y fue a reunirse con los demás. Y todos se fueron.

Elizabeth Gawain

La mano del Maestro

Estaba golpeado y marcado, y el rematador
pensó que por su escaso valor, no tenía
sentido perder demasiado tiempo con el viejo violín,
pero lo levantó con una sonrisa.
"¿Cuánto dan por mí, señores —gritó—,
quién empezará a apostar por mí?"
"Un dólar, un dólar", después, dos. ¿Sólo dos?
"Dos dólares, y ¿quién da tres?
Tres dólares, a la una; tres dólares a las dos;
Y van las tres..." Pero no,
desde el fondo de la sala un hombre canoso
se adelantó y recogió el arco;
luego, después de quitar el polvo del viejo violín,
y estirado las cuerdas flojas,
tocó una melodía pura y dulce
como un coro de ángeles.

Cesó la música y el rematador,
con una voz silenciosa y baja
dijo: "¿Cuánto me dan por el viejo violín?"
Y lo levantó en alto con el arco.
"¿Mil dólares, y quién da dos?
¡Dos mil! ¿Y quién da tres?
Tres mil, a la una; tres mil, a las dos;
y se va y se fue", dijo.

La gente aplaudía, pero algunos gritaron,
"¡No entendemos bien,
¿qué cambió su valor?" La respuesta no se hizo esperar:
"¡La mano del Maestro!"

Y más de un hombre con la vida desafinada,
golpeada y marcada por el pecado,
como el viejo violín,
se remata barato a la multitud incauta.
Un "plato de lentejas", una copa de vino;
un juego, y sigue viaje.
"Se va" a la una, y "se va",
"se va" y casi "se fue".
Pero llega el Maestro y la tonta multitud
no llega a entender por completo
el valor del alma y el cambio que elabora
la mano del Maestro.

Myra B. Welch

Sobre los autores:

Jack Canfield

Es presidente de los Seminarios de Autoestima y de la Fundación para la Autoestima en Culver City, California. Ha dirigido seminarios intensivos de desarrollo personal y profesional para más de 500.000 personas en los Estados Unidos, Canadá, Europa, Asia y Australia. Es autor de varios libros y ha sido consultor de cientos de empresas y asociaciones profesionales.

Mark Hansen

Es conocido en los Estados Unidos como motivador y especialista en marketing para profesionales. Ha asesorado a muchas de las empresas de FORTUNE 500, y es una personalidad popular en la radio y la televisión de su país.

Otros éxitos de Jack Canfield y Mark Hansen publicados por Editorial Atlántida